南三陸発！

志津川小学校避難所

59日間の物語
～未来へのメッセージ～

志津川小学校避難所自治会
記録保存プロジェクト実行委員会
志水宏吉・大阪大学
未来共生プログラム編

明石書店

本書は、志津川小学校避難所で作成された記録、
そして志津川の皆さんの記憶をもとに作成された。

目次

3――展開期

4――収束期

第2章　志津川小学校避難所から学べること

第3章　志津川小学校避難所からの5年

資料

登場人物

志津川小学校避難所自治会

タカチョー……自治会長。老舗味噌・醤油屋店主。朗らかさと厳しさをあわせ持つ自治会リーダー。
タダヒコ　……副会長。老舗お茶屋店主。人情と鋭い洞察力で皆の先頭に立つ若頭。
シンタロー……副会長。自治会執行部一番の若手。衛生のリーダー。
オイゼン　……渉外担当。老舗かまぼこ屋店主。外務大臣。明るいキャラクターで皆をつなぐ。
タケカズ　……物資担当。老舗洋菓子店店主。物資の配給に携わる。
コウイチ　……物資担当。内装業。大量に送られてくる救援物資の管理を担う。
ユウイチ　……物資担当。工務店勤務。消防団員として、津波からの避難誘導にあたる。
ノゾミ　……物資担当。関西からやってきた女性ボランティア。
ヤスノリ　……施設担当。塗装業。執行部から指名された施設部のまとめ役。

シンジ　……施設担当。工務店の技量を活かして、避難所で必要な器具を作成・修理した。
シンイチ　……PTA会長。写真店店主。小学校と避難所の調整役となる。
ヒロアキ　……炊事担当。水産加工業。避難所初期の食卓を一手に担う。
リョウコ　……衛生担当。町役場職員。誰も気がつかない点に目を光らせる。
セイキ　……鮮魚店勤務。寡黙で一歩引いたところから避難所を見守る。
マイ　……事務局担当。町役場職員。避難所名簿づくりのリーダー。
シノ　……事務局担当。保育士。避難所事務局の中心メンバー。
ソウタ　……事務局手伝い。中学3年生。高校進学を前に被災。事務局で活躍。
船長さん　……志津川の漁師。銀鮭養殖業。

南三陸町役場

町長　……町長。防災対策庁舎で被災。
副町長　……副町長。町長と同じく防災対策庁舎で被災。
サトウ所長……町役場職員。給食センター所長。避難所所長。
タダヨシ　……町役場職員。町役場と避難所のつなぎ役。

志津川小学校

ヤマウチ先生…志津川小学校の教頭先生。

仮設診療所

ササハラ先生…仮設診療所を担う。開業医。元・公立志津川病院の勤務医。

1

志津川小学校避難所
59日間の物語

1

混乱期

3/11 津波が町を襲った

第1日

地震、そして津波

2011年3月11日金曜日。

宮城県北部の漁業の町、南三陸町。太平洋を望む志津川漁港は、最盛期を迎えたカキとワカメの水揚げで賑わっていた。港には漁を終えた多くの漁船が停泊し、防波堤の向こうには穏やかな海が遠く水平線まで広がっていた。

この日、天気予報は曇り、夕方から雪を報じていた。寒空のもと、漁港にほど近い通称「おさかな通り商店街」では、昼食を済ませた買い物客が馴染みのお店を訪れ、いつもと変わらない様子だった。ある鮮魚店では店員が店先でお客さんと話をしていた。ある商店では年度末に向けてたまった書類を整理していた。

商店街から、町の中央を流れる八幡川を隔てた町役場では、ちょうど定例議会が開催され、町議会議員をはじめ町役場の幹部職員を前に、町長の挨拶が行われていた時間であった。

その町役場の近く、海にほど近い4階建ての公立志津川病院では玄関の時計の針が2時を回り、外来が始まろうとしていた。待合室ではいつものように、診察の順番を待つ人たちの長い列ができていた。

志津川病院の向かいに建つ4階建ての結婚式場、高野会館では、多くの高齢者を集めて恒例の高齢者芸能発表会が催されていた。平日にもかかわらず、3階の会場は観客をはじめ、舞台袖で自分の出番を待つ人たちや、出番が終わってロビーで話し込む人たちで混み合っていた。

商店街を見下ろす上《かみ》の山《やま》公園にある保育所は、お昼寝の時間。いつものように子どもたちにふとんをかけてやり、一段落ついたところだった。保育所から坂を下った川沿いの住宅街では、子どもたちの帰りを待つお母さんたちがいた。ある母親は仕事が忙しく、なかなか子どもを自宅で迎えることがなかった。産休をとった彼女は、はじめて子どもに「おかえり」と声をかけるのを楽しみにしていた。

高台の志津川小学校では、1年生を下校させたところだった。校舎では、春休みを前に生徒たちが大掃除を行っていた。また体育館では、翌日に控えた卒業式のために紅白の幕がかけられていた。床保護用のシートが敷かれ、来客者用のパイプ椅子が整然と並べられて、明日の本番を待つばかりであった。

そして14時46分。

宮城県沖を震源とするM９・０、最大震度7の大地震が発生。

ゴオーっという地響き。今まで経験したことのない激しいゆれに、商店街では立っていられずその場にしゃがみこむ人たちがいた。電柱が大きくゆれ、建物のきしむ音と同時に、棚の商品が次々に音を立てて床に散乱した。議会は騒然として中断。病院では悲鳴に似た叫び声が廊下に反響した。小学校の校舎にいた生徒たちは思わず机の下にもぐりこんだ。次の瞬間停電となり、街中の照明が一斉に消えた。ゆれは長く続いた。

南三陸町では地震直後の14時49分に大津波警報（予想される津波の高さ6メートル）が発令され、防災無線のアナウンスが、高台避難を必死に呼びかける。発令はその25分後、15時14分に大津波警報（予想される津波の高さ10メートル以上）へと修正された。

そして地震発生から約30分後の15時20分頃、ついに津波の第一波が志津川の町を襲った。

「私は工場でタコを煮ていました。2つの大鍋にタコを数枚入れて、間もなく茹であ

写真１　志津川に到達した津波　©南三陸町

がるという直前にガラガラッときて、そのタコが床に散乱して、工場じゅうに熱湯から湯気があがっている状態でした。かまぼこをつくっているメイン工場では、午前の生産が終わって、包装と出荷の準備をしていましてね。これは津波が来るということで、『すぐに解散！』という指示を出しました」

老舗かまぼこ店5代目当主のオイゼンさん（当時57歳、以下同じ）は、1960年のチリ津波を小学校1年生の時に経験していた。「地震が来て潮が引いたら、逃げるしかない」と教えられてきたオイゼンさんは、従業員たちに「逃げろ」という指示を出し、自らも家族とともに高台にある、町指定の避難場所「上の山公園」を目指した。

「山道走るしかない…って、この広場に出たんですよ。その瞬間、ざざざざざざーんと、黒い煙があがってすごい音がしたの。怪獣映画のゴジラとかキングギドラが出てくるような、すごい真っ黒い煙がね。土ぼこり、砂ぼこり、コンクリートのほこり、家が倒れるほこり、それが一斉にあがるんですよ。ゴオオオオオーって。あ、津波だ。あーこれだ。私が小学校1年の時に見た津波だった」

オイゼンさんの的確な判断によって、20人の従業員と8人の家族は全員命を守ることができた。

町役場の産業振興課に勤務していたタダヨシさん（52歳）は、出先の観光協会で地震に遭遇した。いったんはオイゼンさんと同じ上の山公園にたどりついたものの、職場である町役場に引き返そうとした。オフィスにある、ハードディスク内に保存していた情報・画像データが気になったからである。

「大丈夫かなと思い、気になって町役場に引き返したんだよね。だけど、行く途中で立ち止まってね。5分ぐらい悩んでました。結果的に私は上の山公園に引き返してよかったんですけどね。高台から町に戻って犠牲になった人も少なくないようですから……」

運命をわけた5分間であった。

その上の山公園のすぐ眼下に広がる十日町地区で味噌・醤油屋さんを営むタカチョーさん（57歳）は、地震が起きた時には営業に出ていて、町外で車を運転していた。タカチョーさんは、地区の公民館館長を務めていて、有事の際には公民館を開け、避難者を受け入れることになっていた。慌てて志津川に戻り公民館に到着した時奥さんが待機していたが、大津波警報が出ているので、すでに地区住民は上の山公園にあがっていた。

ところが、公園にあがってみると、そこにあるはずの緊急対策本部がない。毎年入念に行われる避難訓練では、そこに行政や消防、警察から職員が急行し、迅速に対応にあたることになっていたのである。

「ちょっと違和感がありましたね。職員さんたちが誰もいないんです。訓練のための訓練で、実際の時にはこんなふうに対策本部なんてのはできないんだなって、思いましたね」

地元の消防団員で工務店に勤めるユウイチさん（43歳）は、南三陸から約30キロメートル離れた気仙沼方面で仕事をしていた。地震後、ただちに仲間2人と車で志津川に戻ってきた。そして上の山公園に着くと同時に、自分の家が津波に流されるありさまを目撃する。徒歩で逃げてきたユウイチさんの祖母は、公園の奥の、少し高いところにある保育所に避難していた。

しかし、信じられないことに、その津波はあっという間に高さを増していき、とうとう標高16メートルある上の山公園にも到達する。気がつくと真っ黒な津波が港側の植え込みから押し寄せて来て、公園に停めてある20～30台の車をいっきに押し流していく。

上の山公園にある保育所もすぐに危なくなると判断したユウイチさんたちは、お年寄りたちをさらに高い小学校に連れていこうとした。

「保育所の裏が土手のようになってるんです。小学校に抜ける山道があって。大きい雪がぼたぼた降ってきて、これ以上降ったら山を越えるのも大変だからって決断して、おばあさん・おじいさんたちを押し上げる、おんぶして上げるっていうことをしたんです。歩けるお年寄りは手を引いて、歩けない人はおんぶして、山道を歩いていきました。

途中電柱や木が倒れていたり、(倒れた)木の下をくぐったり。たぶんその時は無我夢中だからね、火事場の馬鹿力じゃないけど、なんとも思わなかったよね。で、全員小学校まで連れていきました。結構若い人たちが協力的にやってくれましたよね。30分ぐらいにしか思えなかったね。学校に着くまでは、あっという間っていう感じで」

保育所の女性職員は言う。

「ここに避難してきた方は、自分で動けない人が多かったので。車いすの人だったり、近くの病院に入院している人だったり。各家庭でも動けない人を先に連れてくるもんですから、そういう人が最初いっぱいだったんですよ。そういう人たちを逃がすのに、山を登るのがとっても大変だったんです。雨と雪と津波の水とで、地面が濡れていますし。こう、つるつるつるつるつる滑るんですね、山道が」

あるお年寄りは、苦労して小学校にたどりついた時の気持ちを次のように語る。

「やっとこね、あの小学校の体育館見た時は、もう両足ががくんとなってね、腰が抜けたようになりましたよ。もう、時間がね。記憶にないです」

もちろん保育所には、お年寄りをはじめとする避難者だけではなく、保育所の子どもたちも20人ほどいた。そのなかにはゼロ歳児もいた。女性保育士は振り返る。

「あの日の給食、味噌ラーメンと玉子そぼろね。忘れられないね。ごはんを食べて、お昼寝をして。何人かの子どもは迎えに来たお母さんのもとに返したけど、ちょっと様子がおかしいなというところで、子どもを帰すのはやめようということで、親たちも全部ここで止めて。そして、公園にいた大人の人たちが走ってきて、『ダメだ！　保育所にも津波が来てしまうから、流されっから、すぐに逃げろ！』って言われたんです。となり近所の人たちには助けられました。みんなに、泥だらけになって必死に助けてもらいました。おかげさまで、ここの保育所の子どもたちは誰一人、命を落とすことなく無事に。

年長さんなんかは、変にわかるわけよ。ちょっと泣いたりはしたけど、歯を食いしばって山を登ってってたもん。ほんとだったら、知らない人に抱かれたら『ぎゃあ』っていうのに、みんな危機を感じてるから、ピタッと押し殺したみたいに黙って、抱かれてってくれたし」

雪が降るなか、泥んこになりながら保育所から小学校へ続く細い山道をみんなで助け合って歩いたという共通体験は、幾度となく当事者の口から語られる。

「皆でこう、蟻の行列みたいに、みんながくっついていく感じでね」

その細い山道は、40歳代以上の人なら知っていたが、若い世代は知らない、人1人がやっと通ることができる荒れた山道だった。もしこの道がなかったら、文字どおり津波からの「逃げ道」はなかった。

津波が目前に迫る逼迫した状況でも、なんとか大勢の人たちを救おうとする最後まで諦めない気持ちと、今では、ほとんど使われることがなかった山道を利用するとっさの判断、そしてそれを実行するための1人ひとりの努力と協力が、高齢者や子どもたちをはじめ、多くの命を救ったのである。「上の山公園」では1人の犠牲者もなかった。

海にほど近い志津川病院に勤務していた看護師は、病院の屋上に避難した。

「4階建ての屋上に出て目にした志津川の町の光景は、お風呂に水をいっぱいに張ったような状態だったんです。だから、私たちが病院の3階から屋上に避難する過程で第一波が来て、なみなみの水が志津川の町に入ってきていた状況だったんです。来る波は見なかったけど、引く波はどんどん見えてきました。引く波とともにね、病院からベッドごと患者さんが流されるんですよ。こう、円を描くようにね、どっちが頭なのか、どっちが足なのかわからないんだけども、そのような状態で渦に巻き込まれて、どんどん患者さんが流されていくんです。屋上にたくさんいたなかで、誰1人口を開く人がいないんですよ。みんなもう、暗黙の了解で。

とにかく、ただ目で追うっていうんですか。どのくらい屋上にいたか、わからないですね。とんでもないとこに避難したなあって、私は思ったんです。見なくていい光景、私は見てしまったってね。この光景を人に話ができるようになるまでに、ほんとに時間がかかりました」

町職員が防災無線で高台への避難を呼びかけ続け、還らぬ人となった南三陸町防災対策庁舎。町役場の一角にある3階建てのこの建物には、町役場で議会中だった町長、副町長をはじめ多くの町職員が駆けつけた。しかし、16メートルを超える津波がこの庁舎を丸ごと呑み込み、43人の尊い命が失われた。当時の副町長は、振り返る。

「あの日は3月定例議会の最終日で、まさに最後の締めくくりの挨拶を町長がしていた最中でした。『3月定例議会ということで、新年度予算も原案どおり決定したと。いっそう安心安全なまちづくりに向けて……』と言い始めたら、まさに映画と同じように、ごーっと地響きになってきたと思ったら、もう。

よく写真集を見るとわかるんですけど、最大波高に達した時に、防災庁舎にいた私たちはもう完全に沈んでいるんですよ。アンテナ塔にあがっている2人だけが濡れないで、私とか町長は1回は沈んでるんです。ただ結果として、今でも残っている、あの白い取り付け階段、あれが頑強な階段だったんで、あそこの手すりにまあ絡まって押し出されなかっただけの話で……。引き（波）が始まった時の、あの引きの強さは今でも体で覚えているんです。ここに食い込んで。すっかり肉が食い込むぐらいの水圧で。1か月間、ここを骨折していました。肋骨にひびが入ったりして、町長も」

防災対策庁舎で眠れぬ一夜を明かした町長・副町長らは、翌12日に志津川小学校避難所（以下志小避難所）を経て、南三陸町の災害対策本部が置かれることになるベイサイドアリーナまで移動し、その後の復旧・復興への指揮をとることになる。しかし、結果的に防災対策庁舎に居合わせた50人ほどの町職員のうち、生還できたのはたった10人ほどで、亡くなった人の多くは、課長・課長補佐など、町役場のリーダー層であった。

「部下を死に追いやり、自らは助かった町長・副町長」という批判的な目で見られることも多かったはずだが、彼らを駆り立てたのは「亡くなった方々への思い」であった。町長は、次のように振り返る。

「やっぱり原点があって。あの防災庁舎の屋上で、津波かぶって命永らえて、ずぶぬれになって……。結果として、43人亡くなったじゃないですか。夜一晩、震えながらいて。副町長とか総務課長とかと話して、あいつらの分まで頑張らないといけないと。その使命感が、たぶんずっとあるんです」

志津川病院や防災対策庁舎が次々に津波に呑み込まれ、多くの人びとが海へと吸い込まれていくありさまを、高台にある志津川小学校の校庭から克明にカメラに写し続けていた人物がいる。町内で写真店を営むシンイチさん（44歳）である。彼は、当時の志津川小学校のPTA会長。小学校のことが心配だからと、「上の山公園」よりもずっと高い小学校に家族とともに避難していた。

「ただ1つ持っていったのが、カメラバッグだったのね。サガですね。習性です。なにか変な予感はあったよね。もしかしたら、オレが生まれてはじめて見る津波が、本当に来るかもしれないっていうか、まあ来るだろうと。

いくら写真屋だからといって、あの場でパシャパシャと、まわりに泣き叫ぶ人がいるなかで撮ってもいいもんなんだろうか、という思いが働くじゃないですか。葛藤だよね。でも、目の前に広がってきた光景っていうのが、もう修羅場なわけですよね。ま

写真2　地震直後の志津川小学校
写真奥は避難している児童　©佐藤信一

さにものすごいことが今起きようとしている。記録というものを考えて、撮影するという手段をとれる人間がどれほどいるのかと思って見渡してもオレしかいない。そこから心を決めて、まあ撮るだけ撮ろうと。まわりの人も、オレのことを責めているような状況ではなくて、自分の前に広がっている光景をただぼーっと見ているような感じだったからね。

オレね、あんまり津波で町が壊されていくところ、肉眼で見たって記憶がないの。ずーっとフィルターを通して、レンズを通して、見ていたから。直視できなかったかもしれない。ファインダー越しの映像しか、頭のなかにないね」

志津川に到達した津波の高さは16メートル、場所によっては20メートルにもなった。町の人たちが驚いたのは、指定避難所の上の山公園をはじめ、志津川病院や高野会館といった町内で一番高い4階建ての建物までもが津波に呑み込まれたことだった。

海面が急激に上昇し、志津川の町はあっという間に呑み込まれていった。その様子は、「まるで大きな湖が突如として出現したようだった」。さらに、そのあとの猛烈な引き波によって、町全体がなすすべもなく海に押し流されていった。

チリ地震津波（志津川市街地で2・7メートル）を経験した志津川地区の人たちにとっても、今回の津波は「想定外」の出来事であった。

写真３　志津川の市街地全景　震災前　©南三陸町

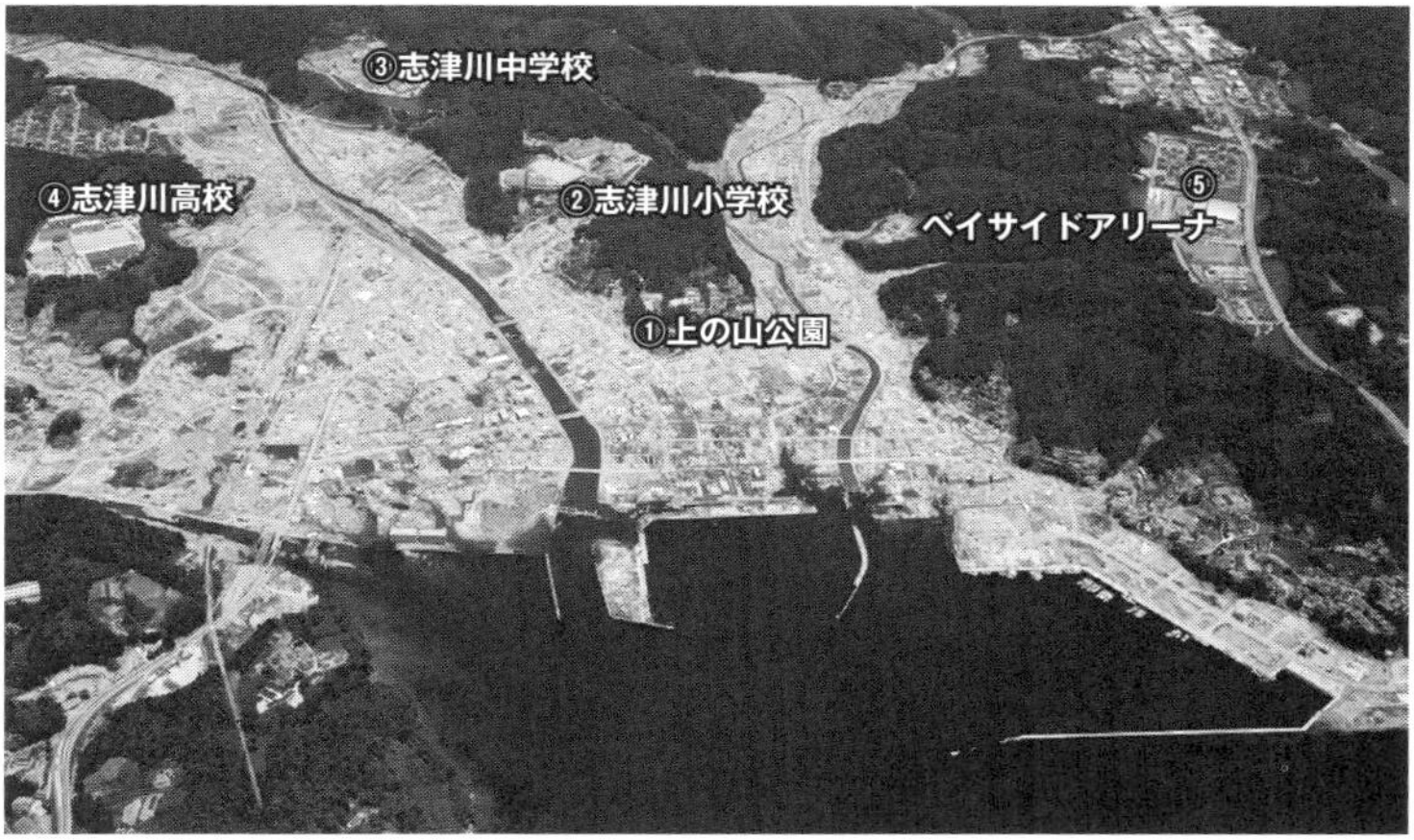

写真４　志津川の市街地全景　震災後　©南三陸町

避難の道すじ

写真3と4は震災前と震災直後の志津川地区の航空写真である。志津川地区の多くの人がまず避難した指定避難場所の①上の山公園（標高約16メートル）。志津川地区で主な避難所となったのは②志津川小学校、③志津川中学校、④志津川高校で、いずれも標高25メートル以上の高台にある。津波は写真右下の漁港から中央の市街地を、そして左上の住宅地に向かって町全体を呑み込んでいった。船の舳先のような地形の上の山公園にもあっという間に津波が押し寄せて来たことから、避難者はさらに高い山に登り、なんとか志津川小学校にたどりついた。

南三陸町の災害対策本部が設置された⑤ベイサイドアリーナは3つの学校から離れた高台にある。一番近い小学校からでも高台をいったん下りて、瓦礫をかきわけ、山を1つ越えなければならない。津波直後から、ある程度瓦礫が撤去されなんとか平地を歩けるまでの数日間、それぞれの避難所は孤立状態が続いた。

最初の寒い夜

3月11日。この日は夕方になっても、雪が降り続いていた。

小学校の校庭では、先生たちが運動会用のテントを張り始めた。繰り返し余震がひどいため、校舎のなかには入れなかったのだ。避難してくる車も100台ほどにもなっていた。

やがて、日が暮れ始めた。停電のため、あたりはいよいよ真っ暗になっていく。

校長の判断で学校にとどまっていた小学生たちとその家族は、教室を使ってもよいということになった。それ以外の人は体育館に避難することにした。

翌日に卒業式を控えていた体育館に入ると、シートを敷いた上にパイプ椅子が並べられていた。しかし、地震の激しいゆれで天井照明の水銀灯の一部が落下して、その破片がフロア全面に散乱して危険なため、土足で体育館に入ることになった。見上げると窓ガラスが割れ、壁の一部が破損して冷たい風が吹き込んでいた。

消防団員のユウイチさんが最終的に小学校に到着した時には、体育館にはもう入れないような状況だった。

「もうなかに入りきれなかったよ。オレも、だからなかにはほとんど入ってない。1000人近くはいたと思います。ぎゅうぎゅう詰めだったし、土足であがるし、ストーブも何台か出したけど、とても間に合わないじゃないですか。だから、年配の人たちはとにかくなかで。若い人たちは外で。途中交代で入ったりとか」

別の避難者は、厳しい寒さを感じたとして、当時の様子を次のように話している。

「たぶん1000人は入って。いっぱいでしたね。1200人ぐらいだったという話もある。椅子に腰かける人とそのすき間に足を伸ばす人。もうぎちぎちですよね。運がよかったのがね、卒業式を控えて業務用の大きなストーブが置いてあったんです。ところが電気がないと動かない。でも、発電機があったんですよ。工事用のかなり大きな発電機。それを、その道に詳しい人が動かして。そして暖をとったんです」

町職員のタダヨシさんは、次のように振り返った。

「(避難者が多く)若い人たちは暖をとれなかったので、ほとんど寝てないんじゃないかな。子どもと年寄りを優先に、毛布とか、カーテンとか、(卒業式用の)紅白の幕。あと段ボール、シーツとか。でも、全然足りないから。ましてや私たちは、職員だからね。住民の方を優先するから。結局3日間、私は一睡もできなかったからね」

こうして志津川小学校には、商店街、住宅地、保育所などから、なんとか津波を逃れてきた1000人以上の大勢の人たちが集まって避難することになった。

しかし、この志津川小学校は指定避難所としての受け入れ体制が整っていなかった。つまり水・非常食をはじめ、毛布などの防災備蓄品はもちろん、発電機設備・燃料などの緊急用の物資・資材、避難所の運営マニュアルなど、避難所として必要な機能やノウハウが用意されていなかった。

志津川小学校に集まった人たちは、そうした事態を自分たちで乗り越えなければならなかったのである。

3月とはいえ、この日は夕方から雪が降り、夜には氷点下になった。大地震と津波から着の身着のまま逃れてきた人たちにとって、ともかくこの初日の凍えるような寒い夜をしのぐことが、最重要課題となった。毛布などの防寒用品がないため、とりあえず教室のカーテンや卒業式用にセットされていた紅白の幕などを暖をとるために利用した。

写真5　投光器のあかりで不安な夜を過ごす
©志小避難所自治会

次に重要なのは、食べ物を確保することだった。保育所にいたお年寄りや幼児を小学校に無事に全員避難させたのち、保育所の職員やその他の「若い人」たちが、山道を何度も行き来して、保育所にある使えるものをすべて小学校に運んだ。その「使えるもの」とは、備蓄されていた毛布・水・アルファ米、幼児用のふとん、あるいは調理室の調理器具や調味料などなどであった。水でアルファ米を戻し、女性職員たちがおにぎりをつくり、避難者に配った。

もちろん、全員にいきわたるような数ではなかった。

その夜は、体調を崩す人やパニック状態に陥る人もいた。ストーブのまわりを何重にも取り巻いて夜を過ごしたが、一番前に座るお年寄りは熱気で気分が悪くなる一方、外側に陣取る人はほとんど暖をとることができなかった。多くの人は、はじめて椅子に座って寝るという経験をした。もちろん、一睡もしなかった、できなかった人も多い。食べるものがなく、翌朝積もった雪を食べ、のどの渇きを癒した人もいた。

避難していたのは大人だけではない。子どもたちの様子はどうだったのか。

まず保育所の園児たちである。体育館に入ったのち、保育士たちは、必ず親が迎えに来るだろうと考えた。そこで、体育館の舞台の上に陣取ることにした。一段高いところにいれば、保護者たちが見つけやすいだろうという判断である。保育所から持ち出した子どもたちのふとんをぎっしりと円形に敷き詰め、まわりを等間隔に保育士が取り囲むようにして固める。地震のゆれがあれば、即座に保育士が覆いかぶされるようにと。それを何日間か続けた。一晩目は、誰も「おしっこ」という子はいなかった。小さい子にはミルクをあげたかったが、お湯がなかったので、水を少しずつ飲ませたりもした。子どもたちの緊張した様子は、保育士らにとってはじめて見る姿だった。

「子どもも必死だったと思うんです。不安なんだけども、それをどうあらわしていいかわからないっていうか、泣くこともしないんです。もちろん、笑うこともしない。親が来た時に、はじめて子どもたちって涙を流すんです」

小学生たちの状況は、どうだったのか。

余震が続くなか、安全のために校庭の真ん中に避難していた子どもたちだったが、夕方になり寒いということで校舎のなかに入ることになった。6年生はプレイルームで、その他の学年の子どもたちは、それぞれ教室で夜を過ごした。プレイルームには仕切りがないため、すきま風が入ってくる。担任の先生によると、暖まるものを集めようということになり、段ボールや新聞紙・ビニール袋や郷土資料室に飾ってあった大漁旗などがかき集められた。ある教員は子どもたちが時折見せる不安な様子を記憶している。

「暗いし、疲れてますし。でもその時はまだ、子どもたちは修学旅行とかのノリなんですね。みんな集まってるから安心みたいな。特に女子は、ぎゅっと集まって、暖とっている状態でしたね。男子もまだふざけてはいたんですけど、夜いい時間になってくると静まってきて、『これからどうなるんだろうか』という雰囲気で」

混乱をきわめる地震当日の小学校で、自らが被災者でありながらも、みんなのために動き始めた人たちもいた。

鮮魚店勤務のセイキさん（42歳）もまた消防団員であり、2トンの消防車に乗って、避難を呼びかけながら小学校の校庭にたどりついた。彼が最初に行ったのが、保育所にある物資を小学校まで運ぶ作業であった。そして、知り得るかぎりの人についての安否確認を行った。消防車はたまたまガソリンが満タンだったので、エンジンをかけたままにして、車中で暖をとってもらうこともあった。また、流されずにすんだ自宅から持ち帰ったビスケットを、小さな子どものいるお母さん方に配ったりもした。結局セイキさんは、当日から40日あまりにわたって、校庭に停めた消防車で寝泊まりし、避難所の「外回り」に目配りをし続けた。

「うまく言えないけど、消防団の仲間が自分以外流されたので、この避難した場所で、1人でもなにか役立つことができれば」というのが、その動機である。

塗装業を営むヤスノリさん（55歳）は、家族とともに小学校に避難してきた。そこでまず、暖や灯りが必要なことに気がついた。

すでに日が暮れかけていた。ヤスノリさんは、校長先生に説明し、渡り廊下にあるスノコや倉庫にあった木製のプラカードなどの使用許可を取りつけた。さらに、すでに暗くなったなかで体育館のまわりを一周し、ドラム缶を1つ見つけ出した。それを利用して、火をたこうと考えたのである。

「その日の晩からです。すぐ。とにかく雪が降っていたので、木の枝とかが濡れてて、なんともならない状態だったので、ほんとに大事に大事に少しずつ燃やしながら。少しずつですけども、ぽやーっと、やっぱ明るいんですよね。火があると。まあ暖をとるような火力ではないんですけど、光をとにかく確保したかったのが一番ですね。初日ですね。夜7時頃には、もうほんのうっすらですけど、ドラム缶の火を確保できましたね」

この日の最高気温は7・0度、最低気温はマイナス4・8度。体育館に入ることができず、外で過ごす人が暖をとるために、体育館の入り口そばに置かれた志小避難所のドラム缶の火。震災当日、ヤスノリさんの手によって灯されたその火は、志小避難所が閉鎖されるまで、59日間ずっと人びとを温め、照らし続けた。

写真6　59日間火を灯し続けたドラム缶
©志小避難所自治会

3/12 おにぎりが来た

第2日

凍えるような寒さと不安で、眠れぬ長い夜がやっと明けた。志小避難所は2日目の朝を迎えた。志小避難所には、体育館に避難している人、校舎で待機している小学生とその保護者、そして校庭の車で一夜を明かした人たちがいた。保護者への子どもたちの引き渡しは、安全面に配慮して慎重に行われた。被災した家族は子どもたちとともに、教室に避難させることになった。誰が始めたかはわからないが、体育館の入り口には安否を伝える紙片が貼られるようになった。

当時の記録によると、2日目の避難者数は、志小避難所およそ2000人（子ども500人、一般1500人）、志津川中550人、ベイサイドアリーナ800〜2000人、高野会館400人。そして高野会館や志津川病院、あるいは山中で一夜を過ごした人たちが、徐々に志津川小学校に集まり始めた。

多くの人たちが命を落とした新井田地区の住民は、山中にある神社に避難していた。ある人は高齢の母親と寒さに震えながら一夜を過ごした。杉の葉を集め、ライターで火をつけて暖をとり、雪をなめてのどの渇きを癒した。明かりのない山道を、母親をおぶって歩くのは危険だと判断したからである。翌朝明るくなるのを待って、志津川小学校に向かった。

「そこで人がね、3人ぐらい下がっているのね。死んで、足だけ見えるわけですよ。刺さって、いろんなところさ。顔は見なかったけど」

志津川病院で一夜を明かした人たちは、町役場職員や町外の消防団員の先導で志津川小学校を目指した。病院の外は一面瓦礫で、どこがどこだかなにもわからない状態のなか、先導する人たちがつくってくれた「足場」の上を慎重に歩いていった。当時、志津川病院で勤務していた看護師は言う。

「(避難する患者に) 前を向いて、足場だけ気をつけて、歩いてくださいって言いました。ブルーシートとか、汚れた毛布とか、そういうものでくるまれた遺体がたくさんあるなか、誰もなにも言わないで、ただつくってくださった道を懸命に歩いていきました」

防災対策庁舎で津波に呑まれ一命をとりとめた町長他10人の町職員は、防災対策庁舎3階で火をたいて、眠れぬ一夜を過ごした。

写真７　震災翌日の志津川市街地　©佐藤信一

火がつかなかったら、そのまま低体温症になって亡くなってしまう状況だった。翌朝になり、一番近い志津川小学校に向かおうとしたが、道路が瓦礫でふさがってしまって坂道を上っていけない。そこで、民家の畑を横切って小学校にたどりつくことができた。その際、ある住民にペットボトルの水をもらうことができた。町長は振り返る。

「とにかくのどが渇いているんですよ。津波に呑まれ、塩水を飲んだあと、なにも口にしていないんで。ところがね、ペットボトル見てね、持ってる人の顔を見てないんですよ。震災から1年半ぐらい経って敬老会を復活させた時、副町長が『水飲ませてもらったお礼言ったの？』と。その時に、『あの人に水をもらったのか』とはじめてわかったんです。完全に顔を見てなくて、水だけ見てたんです」

副町長も言う。

「ペットボトルね。『水、かーっ、こんなに水ってうまいものなのか』って思うぐらいね。あの味、一生忘れられないですね」

町長一行が志小避難所にたどりついた時のことを、ある女性は覚えている。

「次の日の朝に町長が来た時ですね、そんなにすごいんだって思ったのは。町長と副町長と、本当にみんな、みんなで迎えました。歩いてきたって。着るものを乾かして、歩いてきたって。みんなで感激して迎えて、握手したり、肩たたきあったりして。でも、手も腫れてたりして、すごいことになってるんだなあって。その時本当に痛切に思いました」

その後町長、副町長らは、ベイサイドアリーナに移動。そこに災害対策本部を立ち上げ、復旧・復興に向けたリーダーシップを発揮することになる。

芸能発表会が催されていた高野会館で一夜を過ごし、翌日午後に志津川小学校に避難してきたお年寄りはこう言う。

「私たち1泊してたから、みんな生きてたとは思わないのね。情報が入ってこないから。無理をして高野会館から抜け出して。午後の2時か3時頃かな。『うわー、生きてた！』っていうのが第一声だね。孫たちや家族と再会することができたんです。私たちが行ったら、『うわー、生きてた！』って。友だちであっても、『生きてた、生きてた』って言葉だよね。ふつうなら失礼だよね。『誰々さん、生きてた』って（笑）。『あれ、生きてたんだっちゃ！』って言うのが精いっぱいだったね」

避難所体育館では、こうした再会を喜ぶ声があるなかで、家族の安否を気遣ってあちこちを駆け回っている人びとの姿も見られた。

この日の特筆すべき出来事は、山間部の入谷《いりや》からおにぎりが届けられたことだった。入谷地区から志小避難所までは数キロの道のり。地区の住民が、各家の米を集め、大量のおにぎりをつくった。それを主要な避難所に届けたのである。入谷地区はプロパンガスのため、火力を確保できた。薪もある。また、井戸や山から水をとることもできた。各地区でつくったおにぎりを入谷公民館にいったん集め、各避難所へ配達した。

配達の役割を担ったのは自衛隊。震災後すぐに自衛隊先遣隊が出動したが、道路が通れないため、とりあえず入谷地区周辺にテントで駐屯していた。その自衛隊のメンバーが瓦礫の撤去や不明者の捜索のかたわら、入谷地区の住民に山道を聞き、震災2日目の夕方に志津川小学校までおにぎりを届けてくれたのだった。おにぎりは小さめのもの。それが「1人1個」という形で配られた。その時のおにぎりを多くの避難者が記憶している。ある避難者は言う。

「1個だけ。まあ全員に渡ったかどうかわかんないけども。うん。私はいただきました。それはものすごくおいしかったですね。お腹すいてっから。まるっきり食べてないから、うん。すごくおいしかったね」

また、小学校の先生は、2日目の様子を次のように振り返る。

「次の日ですね。最初に飲み物が支給されました。このへんまで自衛隊が来たっていう話でした。いただいた飲み物を、1人キャップで1杯ずつ飲

写真8　震災から数日後、志津川小学校校庭に書かれたSOS（食料・水1000）　©佐藤信一

むみたいな状態で。クラスが30人前後いたので、とりあえずキャップで。無駄にするなって感覚ですね。

そのあとおにぎりが、1人1個ずつ届いて。入谷地区のお母さん方がつくったものが。志津川小学校と志津川中学校とが山道でつながってるんですよ。そのルートで来たんだろうと。1人ずつ、抱えて食べて。次にいつ来るかわからないみたいな感じで。ずっと教室のなかにいましたね。保護者が来れば引き渡して」

「入谷地区からのおにぎり」がありがたかったという話は、多くの避難者から聞くことができた。南三陸の町は「海の人」(志津川・戸倉・歌津地区)と「山の人」(入谷地区)からなると言われている。

海の人たちに災厄が降りかかってきた時、いち早く山の人たちが助けの手をさしのべたのであった。仮に山の人になにかが起こった時には、きっと逆のことが起こるであろう。そのような助け合い・お互い様の精神が、南三陸には息づいている。

3/13

サンマの煙があがった

第3日

「戦場のようになっていたというか。学校のジャージを着ている子どももいれば、コタツに入っていた格好そのままで来てる人もいる。仕事帰りの人もいるし、海に出てた格好の人もいる。もう統一感が全然ない。で、その人たちがずっと誰かを探している。全員が誰かを探しているんです。知り合いだったり、親戚だったり、家族だったり、友だちだったりするんですけど、そこで会って、『お前大丈夫だったか』とか『生きてたか』みたいなこととか、誰かが誰かに『あの人はそこで見た』とか聞きあっているとか、そういう非常にカオスな状況でした」

シンタローさん（32歳）は、大学を卒業後、東京で生活、震災の3か月前に志津川に戻ってきて母親と2人で暮らし始めたところであった。震災当日仙台にいたシンタローさんは、2人の弟と車で内陸の道を通って南三陸町に戻ってきたが、交通が寸断されていて入谷地区までしか入れない。ようやく3日目の昼頃に徒歩で小学校に到着し、家族と再会することができた。その時の最初の印象が、「戦場のよう」という言葉だった。

志小避難所はいまだ混乱のなかにあったが、徐々に秩序めいたものもでき始めていた。その1つが名簿づくりである。

町職員や教員が集まり、話をした際に、「この避難所に誰が何人いるのか把握しないといけない」ということになった。当初、その作業のリーダーとなったマイさん（36歳）は、次のように話す。

「私は事務職なので、他の役場職員とともに避難者の名簿をつくることになりました。保育士さんは子どものケアにあたり、保健師さんや栄養士さんたちが中心になり食事の配分をしました。安否情報についてはホワイトボードもありましたが、全く足りない状況なので、それぞれがなにかの切れ端やメモ帳などを使って、体育館の玄関一面に貼っていました。体育館を手書きの図面でわけて、1班・2班と区切り、それぞれ班長を決めてもらい、メンバー全員の名前を書いてもらうという作業から始めました。

避難者のなかには家族を探しに行き、違う避難所に移るという動きも出てきました。逆に、家族がいたから小学校に来たという方もいました。手書きの名簿が毎日変わっていきました。電気がないので、まだ陽のあるうちに作業をし、その日の分の人の動きをとりまとめて、次の日の名簿をつくるという感じで」

この名簿づくりの仕事は、自治会結成後は「事務局」の仕事として引き継がれていくことになる。

3日目になると、災害対策本部のあるベイサイドアリーナからカンパンや水が届くようになってきた。また、徐々に各地からの支援物資が直接届き始めた。しかしながら、1000人ほどもいる避難者に比べて、支援物資の量は圧倒的に少なく、配給の度に長蛇の列ができた。

そこで、避難者を班分けし、班長を決めて、支援物資の配給は班長を通じて行うことにした。それでも、班長だけで70名ほどになった。

この班分けのポイントは、「1班15名」といった定員制ではなく、家族や知り合いを核にして自由な人数で班をつくれるようにしたことである。10人でも5人でもよい。運営管理する側は大変かもしれないが、これまでの人間関係を重視し、新しく避難してきた人にも対応できるように柔軟性を持たせたのである。

3日目の出来事として忘れてはならないのが、仮設診療所の開設である。

この日志小避難所に避難している医療従事者によって、体育館の一角にある小ホールを、仮設診療所として立ち上げることになったのである。

志小避難所にとって幸運だったのは、この地域で長年にわたって医療に従事してきたササハラ先生（63歳）が避難していたことである。公立志津川病院に勤務した経験を持つササハラ先生は、志津川で開業医をしていた。震災当日体育館に入った段階で、外の様子を眺める余裕などなかった。

「どうしても医者の立場なんで、医療活動をどうするかということを考えて。多くの高齢者は寝たきり、また体調悪い人はすぐわかりましたから。体育館から全然出ませんでしたね」

そこで小ホールを衝立2つで区切り、医療用スペースとした。真ん中に石油ストーブを置いて、高齢者や寝たきりの人など15、6人を寝かせることにした。ふとんは保育所から運び出した園児用のもの、そして、紅白の幕を切ったものを毛布代わりにして。体調が悪い人も随時診療した。と言っても、聴診器もなければ、薬もなかった。

当時志小避難所には、ササハラ先生の他、保健師や看護師が数名いた。その場に居合わせた医療従事者によって自主的に立ち上げられたこの医療チームが、志小避難所の初期段階から大活躍し、避難者に安心をもたらしていく。

志小避難所にはお年寄りが多かった。お年寄りのなかには、高血圧や心臓病や糖尿病の薬が切れ不安を抱えている人たちがいた。認知症で夜中に歩き回る人、精神的なプレッシャーから大声をはりあげる人、尿道に管を入れないとおしっこが出ないのに、それを持たず避難してきた男性もいた。また、ストーブの熱気で倒れる人もいた。そういう人たちに対して、医療チームは丁寧に、できるかぎりの対応をした。さらに、2日目の午前には防災対策庁舎から避難してきた町長他町職員を救護。彼らのなかにはケガをした人や油で汚れた人もいた。

2日目の夜になると志津川病院の看護師が合流し、3日目になると志津川病院からなんとか運んできた医療用具や寝具や水・食料なども利用できるようになった。

そうしたなかで、体育館の小ホールにあった卓球台や備品を移動して、そこに仮設診療所を開設することになった。1日の患者数は、40名ほどに達した。

看護師は昼夜問わず診療に携わったが、医師がいたことが心強かったという。

「夜中には不安で眠れない人が来るし、夜になると若い人たちが来る。昼間いないから。そして眠れないから。そして、昼間はお年寄りが来るんですよ。そういうのがずっとあったもんですから、寝れないんですよ。先生も看護師もね」

この仮設診療所とササハラ先生の存在は、間違いなく避難者の大きな心の支えになった。志小避難所には、出産を間近に控え、おなかが大きくなった妊婦が避難していた。そのご主人は言う。

「いつ出産になるかわからないので。体育館に小ホールがあって、医療従事者の方が常駐して看てくれるような形だったんですね。なので、そこにいた方が安心だろうと。

看護師さんや助産師さんが定期的に看てくれて、毎日尿検査をしてくれたりとか、浮腫とかむくみとか気にかけてくれたりとか。避難所でみんなと一緒にいる方が安心っていうところがあって」

さて、この日の夕食は、誰もが忘れられない特別なものとなった。
避難していた水産工場の経営者が、商品である大量の冷凍サンマを、冷凍倉庫から運び出して、志小避難所に提供してくれたのだ。ガスがないので火をおこし、保育士や給食センター職員が焼いて、皆で食べた。ある避難者は、冷凍サンマがもっとも記憶に残る食事であると語っている。

「ちょうどその小学校避難所にいた魚屋さんが、出荷する魚かな、サンマが何百本ってあったんだよね。宅急便で出せなくなって。商工団地っていうか、そこの工場から持ってきて。そいつをトラックに積んできたのかなあ。結局腐ったら終わりだし、側溝にあるグレーチングっていうんですか、それを金網代わりにして、焼いてね」
グレーチングとは、鋼材を格子状に組んだ長方形の側溝のフタ。他の避難所でグレーチングで魚を焼いている様子を見かけた町職員のリョウコさん（54歳）が発案した。

写真９　グレーチング（溝のフタ）を使って大量のサンマを焼く

©南三陸町

「うちもそれをやんなきゃと思って、サンマがあったので、男性に側溝のフタを一輪車で運んでもらって。体育館の裏側の車があまり通らないとこのものだから比較的きれいだったんですよ(笑)。それをコンクリートブロックの上に載せて、下で火をたいて、サンマを焼こうといったら、みんな集まってきて。ずっと服がサンマ臭くなって。煙がすごい臭くなって。でも、ああいうふうにすぐものが食べれたっていうので、すごく元気になったんじゃないですかね」

「とにかくすごい量の魚を焼いた」「1着しかない服にサンマの匂いがすごく移った」など、大量のサンマを焼いて皆で食べたことは、多くの避難者の印象に強く残る志小避難所で最初の大きなイベントであった。

サンマを提供した「魚屋さん」は、ヒロアキさん（52歳）である。

水産工場を営んでいたヒロアキさんは、その日から「炊飯長」として活躍を始めた。

「最初は包丁もなにもなくて、火をたく道具もないということで、数人に声をかけて炊飯部隊をつくってですね。外で野焼きをし、煮たり焼いたり、調理する準備を始めたんです。

グレーチングを設置して、それを網代わりに。で、ブロックがちょうどあったので、バーベキューのような状態をつくるんです。これを当初、2台ぐらいつくって。包丁は小学校の調理室にありましたので。ちょうど給食センターの方々が小学校に逃げてきてまして、その人たちに声をかけて、いろいろ『調理実習』が始まりました。燃料は、瓦礫をとってきて。瓦礫部隊が結成されてですね。のこぎりとかも少々集まってきまして、まあ寒かったのでたき火をするための木を切ったり、瓦礫を持って来たりして、燃料として使いました」

校舎では、小学生たちが活躍した。当時教頭だったヤマウチ先生（54歳）は言う。

「氷点下の厳しい寒さのなか、トイレの水がないので、6年生たちはプールから水を汲んでくる水汲みボランティアをしました。容器は10リットルもある重いもの。これを3階や4階のトイレまで、子どもたちは分担して運び続けました。この時はまだ家族の安否が不明で1人でいる子どもも多かったですが、彼らは不平不満も言わず、表情にも出さないで活動を続けてくれました」

こうして、混乱のなかにあった志小避難所も、班や名簿ができ、小学生らも落ち着きを取り戻しつつあった。仮設診療所ができ、温かい食事が提供されるなど、3日目にして徐々に避難所としての形をなし始めた。

3/14 自治会、結成！

震災から4日目。この日は、ベイサイドアリーナから災害救助用毛布が430枚届いた。十分な量ではないものの、救援物資が徐々に届き始めるようになってきた。

この3月14日は、志小避難所にとって重要な日となった。避難所自治会が結成されたのである。当時給食センターの所長だったサトウ所長（59歳）は、志小避難所に避難した町職員の最年長者という立場上、志小避難所所長として避難所の立ち上げに関わることになった。避難者のなかには、給食センター、保育所の職員、保健師さんたちなど3、40人の町職員がいた。サトウ所長は体育館のなかで一番目立つステージの上から、さまざまな指示を出した。

震災後3日を経たこの時期になり、町役場の指示で各避難所に自治会を設置しようという動きがあった。

サトウ所長自身も、町職員による避難所の運営にはおのずと限界があると考えていた。遅かれ早かれ、行政機能の回復のために町職員は招集されることが予想されるため、現在の人員で活動を継続できるわけではない。また、「職員がやれ！」というような過度な期待や、「職員がやるはず」といった依存的な空気を醸成しては、結局のところ避難所の運営や今後の復興に向けての足かせになると考えていた。そこでこの日、避難者による自治組織の結成を進めることになった。

町職員の声に促されて、班長さんや区長さん（自治会長にあたる人）たち合計で数十名が体育館のステージ上に集合した。そして、サトウ所長が自治会の趣旨を説明し、「班長の互選で役員を決めてほしい」と提案した。サトウ所長は「うまくいくのだろうか」といった不安を持っていたが、その心配は全くの杞憂に終わった。

まず、会長を決めなければならない。「自薦・他薦どちらでも構いません」ということで候補者を募った。ステージ上で、タカチョーさんを推す声があがる。タカチョーさんは、十日町地区の味噌・醤油屋の主人である。「タカチョー（髙長）」とはお店の屋号で、50代後半の、「物静かな旦那さん」という風貌。地元公民館の館長も務め、十日町のより年長の「長老たち」からも信頼のある人物である。

タカチョーさんは、サトウ所長の1年後輩にあたり、旧知の仲であった。「タカチョーさんでよろしいでしょうか」というサトウ所長の呼びかけに対し、年長者である区長さんたちも含め異論を唱える者はいなかった。

「オレも『お前やれ、お前やれ』って、前に出されたのは覚えているんですよ。十日町の人が推してくださったのでね」

皆からの拍手で満場一致の信任を得て、タカチョーさんが志小避難所自治会長を務めることになった。

次に、副会長を決める段になった。

タカチョーさんは、「まわりを見て、五日町の人も多いな」と思ったので、「そこの赤いジャンパーをきているタダヒコさん」と、声をかけた。

タダヒコさん（48歳）は、町でもっとも大きい五日町商店街でお茶屋さんを営むきっぷのいい男性。学生時代の後輩からも「カッコよかったですね。おしゃれで、憧れっていえば憧れの対象。自由奔放にやってきたっていうか、自分が思ったことをそのままやってきたっていう……」と評されるタダヒコさんは、地元商工会の「若大将」的人物であった。

タダヒコさんは振り返る。

「タカチョー会長と目を合わさないようにしてたんです……。『あの赤いジャンパーきてるやつを副会長にしてください』って言われました。『赤いジャンパーをきて、失敗したな』って思いましたけどね。目立っちゃうのきてたから（笑）」

2人は商工会青年部の活動を通して、長年の知り合いであった。いわば「阿吽《あうん》の呼吸」で、1人目の副会長が決まった。誰からも異論はなかった。

2人目の副会長は「女性がいい」ということになり、ある女性に白羽の矢が立った。結果的に2人目の副会長は家族の事情もあり、数日のうちに他の場所に二次避難することになったので、自治会運営に関わる機会は少なかった。

2人の副会長が選出されたが、「もう1人」という声もあがる。タカチョーさんも、避難所を切り盛りしていくには人数が足りないように感じていた。そこで3人目の副会長を選ぼうということになった。

3人目の副会長について、会長に選出されたタカチョー会長は、地域バランスから、「大森か本浜地区あたりから1人」と考えた。他方で、「若い人がいいんじゃないか」という声もあがった。ちょうどその2つの条件に合う人物がいた。13日に出かけていた仙台から戻ってきて、志小避難所に暮らし始めたばかりのシンタローさんである。

シンタローさんが仙台の大学を卒業したあと東京へ打って出たのは、役者になるという志があったからだった。インテリ風なところもありながら、行動力旺盛なシンタローさんは、ステージ上にいる人たちのなかでは、例外的に「若い」存在だった。
シンタローさんもまた、周囲を見渡し「若い人が少ない……」と感じていた。そこで「僕でよろしければ」と名乗りをあげた。先の2人と比べると、シンタローさんは全く「知名度」のない、いわば「よそ者」であった。
しかしながら、「『お前誰だ』みたいな話にはならなかった」と、現在では町の最年少町議会議員として活躍するシンタローさんは述懐する。

「とりあえずまあ、やってくれるなら誰でもいいっていうか、そういう感じでしたね」

ただ、シンタローさんの胸の内には秘められた熱い思いがあった。

「あの場にいる人が皆一生懸命生きていこうとしてたので、自分の能力がどのくらいあるかわからないですけど、やれることはやんなきゃって思ったんですよね」

彼の申し出に対する周囲の反応は、「じゃあ、ぜひやってくれ」というものだった。
こうして、志小避難所自治会の「三役」が決まった。
会長は50代後半のタカチョーさん、副会長に40代後半のタダヒコさん、そして30代前半のシンタローさん。志小避難所は、この三役の舵取りで、5月8日の避難所解散まで、その航海を続けることになったのである。

この日、志小避難所自治会は、これまで町職員が行っていた仕事を引き継いだ。そして、避難所の運営に必要な、さまざまな仕事や役割をうまく分担して、「これはあの人にお願いしよう」という形で適材適所の組織づくりを進めていった。

3/15 土足はやめましょう！

第5日

この日の午前8時、自治会結成後はじめての会議が開かれた。

もちろん体育館は避難者でいっぱいで、使える会議室や机・椅子などない。そこで、会議は体育館のステージ上で、車座になって行うことにした。参加者は冷たい床に座って議論し、誰が用意したのか大学ノートと鉛筆でメモをとった。

会議の冒頭、まずサトウ所長が、業務内容に応じた組織と役割分担の必要性について説明した。タカチョーさんとタダヒコさんは「ともかく情報を共有する」ことがもっとも重要だと考え、サトウ所長に対して、収集した情報を制限しないで自治会にオープンにするよう要望した。

この日の会合では、この会議を「自治会執行部会議」として毎日朝夕2回開催すること、参加メンバーは志小避難所を構成する主要七者（自治会・行政＝町役場・学校＝小学校・自衛隊・医療＝仮設診療所・ボランティア・事務局）の代表とすることにした。そして、執行部会議の内容を班長さんに伝え、班長さんから班の人たちに伝えることなど、7項目のルールを決めた。早急に対応しなけ

写真10　避難所の執行部会議　ステージ上でオープンな会議を行った

©佐藤信一

ればならない事項として土足禁止が掲げられた。「体育館を土足にしない」と提案したのは、町役場職員のリョウコさんだった。

玄関で靴をぬぐことについては賛否両論があった。タカチョー会長の「しなくてもいいんでないか」という声にも、「いやもう長期戦になると不衛生だから。ここには玄関もあるんだから、土足にしない方がいい」ときっぱり。リョウコさんの提案で土足禁止が決まった。

土足禁止が決まったこの日、動ける人総出で、早速体育館の大掃除を行った。

床をきれいにぞうきんがけしたあと、床全体にブルーのビニールを敷き、土足厳禁にした。リョウコさんの思い切ったひとことが大勢を動かし、不自由ながらも清潔で居心地のよい避難所づくりの第一歩となった。それが結果的に、「衛生面の配慮として一番よかっ

①	館内土足厳禁（スリッパも不可）
②	トイレ使用→小便は流さない。大便はプールの水で流す
③	自治会執行部会議（7者：自治会・行政・学校・自衛隊・医療・ボランティア・事務局）8時30分、10時15分班長会議（必要に応じて開催）
④	清掃2回（8時15分と15時）当番者以外も自班周辺を清掃するため全員
⑤	自治会執行部（会長・副会長2名）事務局・配給・物資・衛生・施設
⑥	マスコミ取材10時・15時→事務局の許可を得、取材対象者の了解を得ること
⑦	避難者の名簿作成

表1　最初の避難所ルールとして各自がメモした「7項目」

た」のではないかとタカチョーさんは振り返る。対照的に、ベイサイドアリーナなど土足のままの避難所では、日が経つにつれて衛生状態が悪化するところもあったようである。

同じ衛生面では、トイレの運営と使用方法に関するルール（小便は流さない。大便はプールの水で流す）が重要であった。断水で排水や手洗いが不十分。しかも1000人もの人がそれぞれ、数えるほどしかないトイレを毎日使うのである。医療関係者を中心に、ノロウィルスや感染症など衛生上の問題が心配する声があがった。トイレは、体育館に1か所、体育館横のプールに1か所、そして校舎内に数か所しかない。この日、体育館脇に設置された簡易トイレを加えても基本的に足りなかった。トイレの排水にはプールの水を利用し、水の運搬には、手の空いた男性陣があたった。

こうした衛生面のとりまとめを誰がやるのか。誰もが「この仕事は大変だ」と感じたが、若手の副会長、シンタローさんが環境衛生面の担当を買って出た。衛生面の充実を提案したリョウコさんは、率先して役職を引き受けようとしたシンタローさんの姿が印象的だったと言う。

「ほんとにね、すばらしいと思ったんです。役職を決める時、『僕それ、衛生係をやります』って、一番に名乗り出たんですよ。じゃあ誰がやるっていう時に、ぐずぐずしないで『僕やります！』って人が出たんで、すべてこううまく進んでいったのかなあっていう感じがしますね」

トイレの掃除は、それまで体育館のトイレ近くにいた町役場の人たちの仕事となっていた。シンタローさんは、まずこのトイレ掃除を当番制にしたりと、避難所の衛生面の仕組みをどんどんつくりあげていった。

シンタローさんのシンボルは、頭に巻いたオレンジ色のバンダナであった。「新参者」のシンタローさんは、「目立つように」と毎日バンダナを巻いて動き回った。

「衛生担当と言いつつ、基本的に町民の皆さんは自治会に頼るので、物資のことを聞かれたり、誰それさん調子が悪いらしいとか、声をかけて話をされたりする。情報は全部皆で話し合う会議に持っていかないといけないので、それを忘れないためのノートを首からぶら下げて。体育館の端から端まで歩くと、3件ぐらい相談されてね」

1000人の命と生活をあずかることになった志小避難所。

写真11　体育館の様子　©志小避難所自治会

避難所の運営を決めるこの重要な会議を、密室ではなく誰もがいつでも見聞きできる体育館ステージ上の「オープンな車座スタイル」で毎日行うことが、運営側と避難者の一体感そして信頼関係を生み出すきっかけになっていく。

志小避難所の大きな特徴は、次の３つにまとめることができるだろう。

①避難者の自治会組織で自主運営された避難所であること。
②避難所を運営したメンバーの多くが、地域に密着し、日頃から地域の人とのつながりを持った商人や自営業者だったこと。
③避難所の運営会議を、自治会だけではなく、避難所に関係する他のアクター（行政・小学校・自衛隊・医療・ボランティア）とともに毎日開催し、情報の迅速な共有化と一体的な運営を図ったこと。

タカチョー会長は言う。

「主だった仕事はあなたにお願いしますとか、頼みやすい人以外にも頼みました。ふさわしい人がいればね。

知り合いばかりではなかった。自然と自分なりの動きをしていた人もいたので、そういう人には正式にお願いした。自営業の人が多かったのでね。そういう人は、次にやることがわかるんですよね。結局自由に動ける人が、いろいろな仕事を手伝ったんだよね」

5日目になってなんとか救援物資が届き始めたので、食事の配給は、7時30分と15時30分の1日2回を目安にした。2回目の配給が15時30分なのは、停電のため、

写真12　朝食配給の準備　©佐藤信一

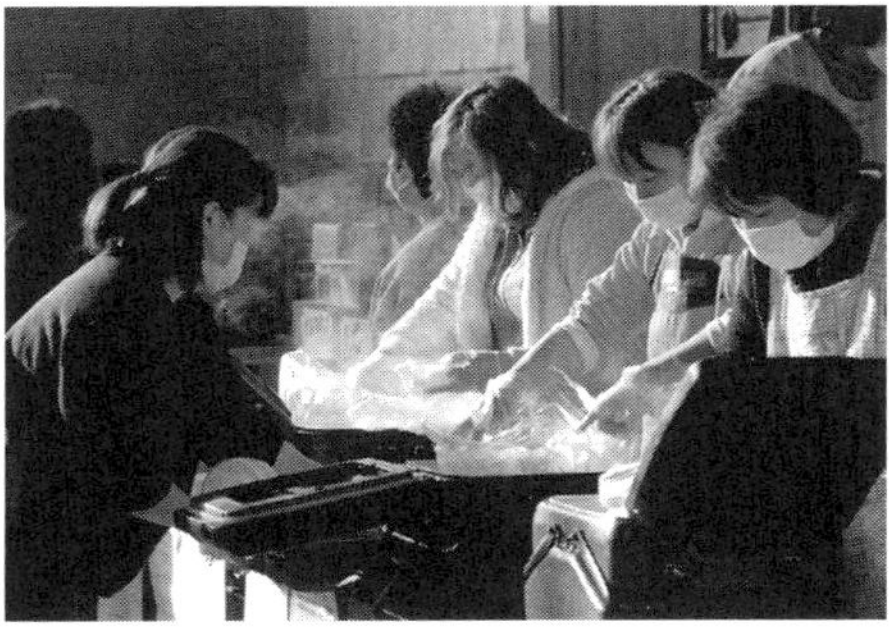

写真13　朝食配給の様子　©佐藤信一

明るいうちに夕食をとらないと暗くて食べられなくなるからである。大勢の食事の配給は、給食センターと保育所の職員が主に担当した。

この日、配給された1人分の食料は以下のようなものだった。7時30分に、おにぎり1個とパン2個。16時におにぎり1個、納豆1パック、きゅうりの漬物、刻みめかぶ、フルーツ(苺・パインのホイップ)。それに5人を目安に水2リットル1本。

救援物資としては、毛布2000枚をはじめ衛生対策用の消毒用アルコール、ウェットティッシュ、ゴム手袋、長靴などが届いた。

この日、震災当日はステージの上で一夜を過ごした保育所の子どもたちの最後の1人が、保護者のもとに戻ることになった。

ある保育士は、その時のことを次のように振り返る。


「親が来た時に、はじめて子どもたちって涙を流すんです。一番下の、1歳の子どもは15日に父親が来たんです。母親がどうなっているかわからないので、もう1日待たせてくれっていうことで。最終的に、子どもたち全員が親元に帰ったのがその日のことでした。その1歳の子どもも、父親の顔を見たら、はじめて泣いて。そして、熱をすぐに出しました」

慣れない避難所暮らしに耐えていたのは、大人たちだけではなかった。

3/16 事務局の女たち、施設部の男たち

第6日

志小避難所では、図1のような役割分担がなされていった。この役割のうち、女性の積極的な活躍が大勢の避難者の生活を支えていた。その1つが、事務局の仕事である。

事務局の仕事は幅広く、そして詳細にわたる。避難者に必要な情報の掲示板への貼り出し、朝の代表者会議の議事録メモや日々の人数の把握と名簿管理、そして避難所の窓口となる受付業務など。受付は自治会結成後、卓球台をテーブル代わりにステージ前に設置された。そこで毎日、身内や知り合いの所在・安否を確認しに訪れる大勢の人たちへの対応がなされ、マスコミをはじめ外部から来た人たちの窓口ともなった。なにより、事務局は避難者と自治会を結ぶ橋渡し役であった。

事務局の中心となったのは町職員のマイさんと保育士のシノさん（33歳）だった。マイさんは、数日後に町役場が仮庁舎で再開するのを機に、ベイサイドアリーナに移っていった。代わって、

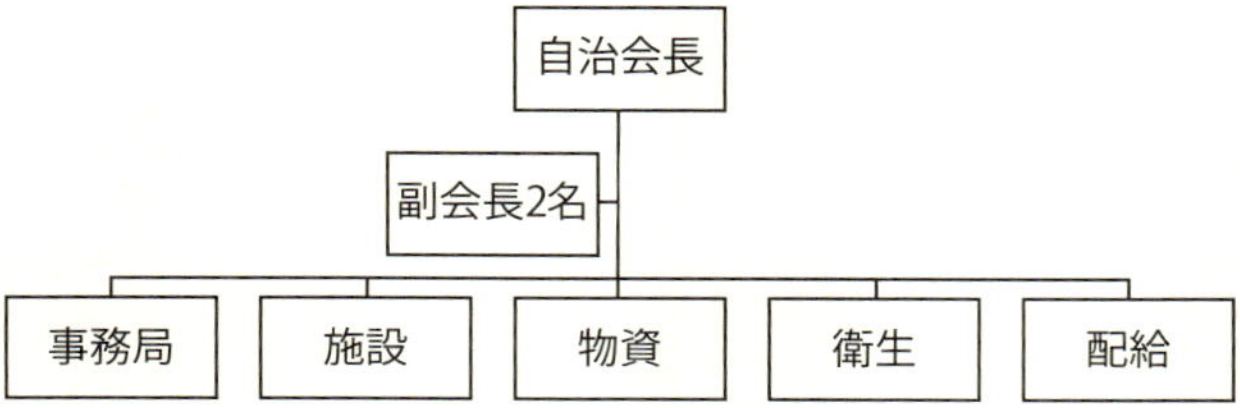

図１　避難所自治会の役割分担

事務局の中心となったのが若いシノさんである。

シノさんは、自治会長タカチョーさんの娘である。となりの歌津地区で保育士を務めていたシノさんは、３日目には志小避難所に移ってきて先輩のマイさんをサポートしていた。

「父親が会長をやるって聞いた時には『うわぁ』っと思って。『やめてくれよー』と思いながらも（笑）。やっぱ商売人っていうか。地区の方でも公民館長をやってた時と重なったので、自分が率先してやんなきゃっていう思いはだいぶあったようで。その気持ちもわかっていたので。会長さんという立場にある父とふつうの親子としての父がいるので、違うように接していました」

そのシノさんの目から見て、体育館のなかでの女性職員の献身的な働きは目覚ましく、頼もしかった。不自由な避難所の生活のなか、保健師たちは、障害のある人たちに欠かさず目配りをし、保育士たちは、小さな子どもたちの面倒を見るだけではなく、女性の避難者のために、たとえば生理用品の配給とか、「男の人には言いにくい」ことを進んでやった。その過程で、「女性の被災者には女性が対応した方がよい」ということを経験的に身につけていったシノさんは、女性ならではの視点から、避難所運営を陰ながら支えた。

一方、施設部は、5人から10人のメンバーを率い、避難所の施設・警備の保守管理と、自主警部を担当した。震災後、志小避難所のさまざまな「外回り」の仕事を自主的に行っていたヤスノリさんは、その流れのなかで、施設部のリーダーを任されることになった。ヤスノリさんは、かつて小学校のPTAの役員もし、学校の施設についても詳しい人だった。施設部はまずはなくてはならない「水」や「燃料」の確保とその管理を最優先に取り組んだ。

「水」は、すでに自衛隊からの給水が始まっていた。しかし、大きな給水タンクで5本や10本届いても大勢の避難者がいてはすぐになくなってしまう。

そこで、施設部のメンバーで上流の沢水を探しにいった。山奥の源流部の沢を深く掘り、大きな石を積み、パイプを組んで、「水場」を確保した。そして毎朝、若手男性グループがその「水場」から軽トラックでタンク数十個分を運搬した。くんできた大切な水は、避難所で待っていたみ

写真14　手前の卓球台が事務局　©佐藤信一

んなでバケツリレーをして運んだ。こうして志小避難所独自の水汲みは、「水」のありがたさを感じながら、みんなの日課になっていった。

「燃料」である油の確保と管理もすべてヤスノリさんが統括した。

初期にはガソリンはほとんどなかったが、ディーゼルエンジンの軽油はわりと手に入った。自衛隊から避難所に渡されたドラム缶には、ガソリンと軽油の両方があった。そのうち軽油は、職員室専用の大きな発電機とトラック関係で使用し、ガソリンは他の小さな発電機や町役場関係の公用車に使用した。

体育館で使う灯油ストーブの管理も施設部の重要な役割だった。

3月の南三陸町は、まだまだ朝晩が氷点下になる寒さ。窓ガラスが割れた体育館の床に寝たり、座ったままで過ごす避難所生活では終日ストーブは欠かせなかった。

体育館のストーブは12台ほどあった。ストーブの灯油は、夜中に一度給油しないと朝までもたない。そのため、だいたい12時から1時の間に、ヤスノリさんたち5～6人のメンバーが毎晩給油を行った。それから火の始末をして、朝5時ぐらいまで少し休むということを毎日繰り返した。

ヤスノリさんは「震災当日からいくと、私、1週間ぐらいは寝てないです、夜は」。夜間の避難所運営も自治会にとって重要な仕事であった。

それから、もう1つ重要な仕事が自主警備、特に「夜警」であった。

小学校のすぐ下に残っていた数件の民家で、夜が少し物騒だという話が発端となり、パトロール隊が組織される。消防団員を中心に若手が5～6人のチームを組み、夜に2回、7時半から8

時頃に1回と10時頃に1回、民家のまわりをパトロールし、そのあと、学校の校舎のまわりをぐるっと一周する。

体育館脇のドラム缶で夜に火をたくのも、当初は「夜警」という意味合いが強かった。避難所開設の初期には不審者が出没することもあった。「寝ずの番」ではないが、体育館の入り口でドラム缶の火を囲んで見張り役をすることは大きな意義があった。やがてドラム缶を取り囲む人の数は徐々に増え、さまざまな形での情報交換やインフォーマルな交流が活発に行われるようになっていく。ドラム缶の火は、夜警の手段から社交の媒体へと、徐々にその役割を変化させていくことになった。

ヤスノリさんは振り返る。

「ざっと見た時にね、やっぱり得意分野、専門分野の人がどのくらいいるか、その人が頼める人かどうかを見極めないとダメなんですね。ある程度知ってる人だと、『なんとかやってけろ』って、こっちも言えるんですね。だから、いろんなことが重なりあったうえで、なにかと恵まれた志津川小学校だったんですよ。

ここ何年もずっと関わりを持ってきた若い連中をまとめるっちゅうと語弊があるんですけども、相談に乗ったり、アドバイスをしたり……。友だちのような、先輩のような。長く生きた人間としてね。そういう人との関わりも、若い人たちは持ってないとね。昔からその若い連中にね、お茶や酒を飲んだ時に、『大丈夫だ。なにかあった時には、うちのキャンプ用品引っぱり出せば、お前たちの家族分の寝るとこぐれえ大丈夫、確保できっから』って冗談で言ってたんですよ。『なんにもねぐなったっちゃ。いやあ、ヤスノリさん、なんもねえ、俺たち寝るとこもねえもん！』ってね」

消防団員のユウイチさんは、震災当日に保育所に避難していたお年寄りたちを小学校に連れていく際に大活躍をした人である。彼は、施設部メンバーとしてヤスノリさんの指示のもとで、沢への水汲みやストーブの給油に精を出した。

「もし俺が灯油入れるのさぼったら、ストーブが消えて、誰かがかぜをひいたりってなるし。そこだけは、絶対にゆずれないなって」

リーダーのヤスノリさんの右腕として活躍したのが、大工のシンジさん（47歳）である。シンジさんは、副会長のタダヒコさんの「1つ下」の後輩で、昔からの顔なじみである。シンジさんも、沢の水くみやストーブの給油が日課だった。車で避難してきたため、最初の頃は車で寝泊まりし、体育館のなかに入るのは食事の時ぐらいで、もっぱら「外回り」。

「みんな大人なんでね。自分のできることはだいたいわかってるんですよ」ドラム缶の火を守るのも、シンジさんの主要な役割だった。

工務店を経営するシンジさんの得意分野は、修理や道具づくりであった。周囲の依頼に、困惑することもままあった。鍋のフタをつくれと頼まれたこともある。「つくったことねえよ、そんなん」。ノロウィルスがはやった時には、トイレに手洗い用のタンクを置く台もつくった。「材料は、そのへんにあるので。角材ですよね。あとはベニヤとか。この間小学校に行ったら、残ってたね」。

避難所を出るまでの40日間、ずっと消防車のなかで寝泊まりをした、消防団員のセイキさんは、ドラム缶への思いを語る。

「はっきり言って、ヤミ行為ですよね。あの、お酒が出たりとか。悪いことじゃないですけど、隠れて、最初は(笑)。外にいて寒いだろうということで、ウィスキーを1本渡されたんです。『よかったら飲んでください。コップ1杯のお湯割りが毛布1枚に早変わりだ』って。で、皆夜も退屈じゃないですか。ただ火を見て、黙ってね。何人か、そう、火のまわりにいた連中がね。たまたまあった紙コップ、それを捨てちゃうと、次に飲めねえので。ちゃんと次の晩までとっといて。最初にお酒を飲んだのは5日目か6日目ですかね。4日目まで、私、夜はずっと寝てなかったので。

私も人の目を見て話すってのはあんまり得意じゃないけど、火越しに、火を見ながら話すと自然としゃべれるっていう人も多かったと思いますよ。同じ町内に住んでいながら今までしゃべったことのない人でも、そうやって知り合いになったり。衣類なんかを持ってきた車に、『どうもありがとうございました』って送りだしてるのに、ピタッと停まって、『なんか忘れ物なのかな』と思ってると、『すみません』と必ず俺のところに来て、『あのこれ、どうぞ。夜、よかったらゆっくりやってくださいよ』って。なんか知らないけど、必ず私が呼び止められて。自然と「マスター」って呼ばれてました（笑）」

こうして、商店主たちが主として体育館の「中」の仕事を取り仕切ったのに対して、現業部門で働いていた人たちが、「外」（＝施設部）の仕事を担当して行った。

この分業体制は、いわば自然にできあがったものだ。商店主である会長のタカチョーさんや副会長のタダヒコさんが、この人だと見込んだのがヤスノリさんであった。そして、ヤスノリさんより若い世代に属するシンジさんやユウイチさん、セイキさんが、リーダーの意をくんで、自律的かつ主体的に避難所の人たちのために動いた。

施設部のメンバーが黙々と行うそうした活動の総体が、不自由ながらも安全で快適な志小避難所の暮らしをしっかりと下支えした。

第7日

3/17 外の力を借りて――自衛隊と医療チーム

震災後1週間を迎えるこの日、九州から自衛隊一個師団700名が志津川地区に到着。部隊は付近に展開し、志津川地区を復旧する体制が整いつつあった。自衛隊は震災直後から、内陸10キロほどのところにある入谷地区に入り、瓦礫の撤去やおにぎりの運搬に従事した。各方面から、さまざまな任務を帯びてやってきた自衛隊の働きに、避難所の人たちは感謝の念を隠そうとはしなかった。

タカチョー会長によると、自衛隊はさまざまな工夫を凝らした支援を実施してくれたという。

「自衛隊の救護班が来て、そこで出るのがごはんと汁物の2食。朝晩できるということでしたので、お願いしました。それから支援でいただいた缶詰とか佃煮とか。本当の笑い話ですけど、佃煮がでっかい業務用の箱入なんですね。一番印象に残った食事は、ごはんと味噌汁をいただいて、おかずがおにぎりってやつですかね」

「体育館土足厳禁」の方針を打ち出したリョウコさんは、食事の配給を担当していた。彼女は、自衛隊の働きを次のような言葉で賞賛する。

「本当に失礼な言い方になりますけど、今回見直したのが、自衛隊さん。本当に、自衛隊さんありがとう、ですね。毎日来ていただいて、ごはんとか食べ物の準備とか、黙々とやってくれました。とにかくあの迷彩色の服装を見ただけで、今はなんかすごい、力強いっていうか、前とイメージが変わりましたね。

あの方たちは、私たちとは別に校庭にテントを張っていたので。あの寒いなかで、朝早くから食べ物をつくって、時間になるとそのまま持ってきてくれるということで、厳しい訓練に耐えてやってるんだなっていう感じがしましたね。日中は瓦礫の撤去とか重機を動かしたり、ほんとに大変だったんじゃないかと思いますね。若い人たちもいたんですよね。職務とはいえね。大変な仕事なんだって、改めて尊敬するようになりましたね」

写真15　自衛隊の宿営（第15師団沖縄部隊）
©佐藤信一

志小避難所に駐屯した部隊は、朝7時30分と15時30分半の2回、温かいごはんと汁物を避難者に提供した。そして、ヒロアキさんをリーダーとする炊事班がおかず等の準備にあたった。この自衛隊の働きによって、避難者の「食」の安定は飛躍的に向上した。

また、志小避難所において、「仮設診療所」となった医療班が果たした役割は大きかった。この医療班は、ササハラ先生をトップにして避難して来た医療従事者によって自発的に立ち上げられた。震災当日から、医薬品や医療器具など医療環境が十分に揃わないなかで、献身的な診療が続けられた。

ササハラ先生に対する感謝の声は、あちこちで聞かれた。

「ササハラ先生は、ほとんど私たちの仲間です。信頼されてた方で、あの人がいたおかげで、あの体育館はすごく落ち着いていたんじゃないかと思うんですよ。先生にはなにもない。なにもないんだけど、なにもないなりに、朝から始まっているんだからね」

「ササハラ先生っていうのは、身近な先生だったの

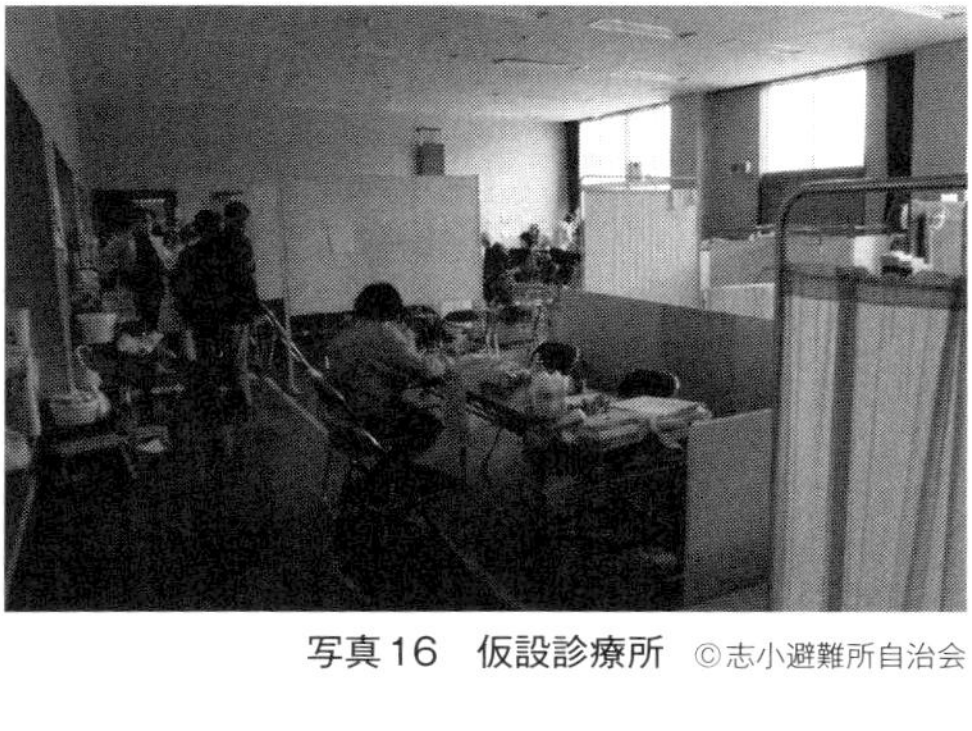

写真16　仮設診療所　©志小避難所自治会

で、安心できた要因の1つでしたよね。結構お年寄りに好かれているので、余計お年寄りたちも安心できたんじゃないですかね、体調悪くするのは、だいたい子どもか年寄りだしね」

医療班の仕事は、7日目からはなんとか診察券を配付できるまでに安定してきた。4日目頃から少しずつ入手できるようになってきた医薬品も、製薬会社や卸商の人たちの協力もあって大量に手に入るようになってきていた。また、注射やさまざまな医療器具も調達できるようになっていた。

ただし、ササハラ先生や周囲を固める看護師や保健師たちの体力にも限界がある。その消耗を救ったのが、震災後数日から志津川に入ってきたDMATなどの医療チームの存在であった。ある看護師はDMATチームの的確な支援がありがたかったと語っている。「本当にDMATが来なければ、フラフラに、よろよろ状態になっているところだったんです」

DMATとは、「専門的な訓練を受けた医師・看護師などからなり、災害発生直後から活動できる機動性を備えた医療チーム」のことである。ベイサイドアリーナに設置された災害対策本部を通じて、志小避難所にもDMATの医療チームが派遣された。

本来DMATは、災害時の「救急・緊急医療チーム」としての色彩が強い。したがって、最初に志小避難所に派遣されたDMATチームの第一印象は、「阪神大震災の時とは違う」というものだった。というのも、外傷を負った人はほとんどいず、多くの患者が、高齢の、高血圧や糖尿などの生活習慣病患者だったからである。またDMATは、基本的に3〜4日という短いローテーションで派遣されてくるため、患者と顔なじみになりにくいとか、同じ説明を何度も繰り返さなければならないなどの課題もあったようだが、それでもササハラ先生らの指示にしたがってメンバーは献身的に医療活動を続けてくれたという。

さらに、数日後には、岡山県に本拠を置くAMDAチームがやってきた。AMDAとは「アジア医師連絡協議会」のことで、「災害や紛争発生時、医療・保健衛生分野を中心に緊急人道支援活動を展開。世界30カ国にある支部のネットワークを活かし、多国籍医師団を結成する」組織である。そのチームには3〜4名の医師が所属していたので、ササハラ先生が休めるローテーション体制を組むことができた。

ササハラ先生チームと外部から来た医療チームの協働で運営された志小避難所の仮設診療所には、毎日多くの患者がやってきた。なかには、評判を聞きつけて、他の避難所にいた人も診察を受けに来ていたという。

このように震災後1週間が経過した志小避難所は、初期の混乱状態から立ちあがり、内外の力を結集してようやく安定した運営に入ろうとしていた。

同時に、この頃から避難所内で細かい要望や問題が生じるようになる。たとえば、ゴミの分別、更衣室の設置やお湯が沸かせるストーブがほしいといった声があがるようにもなってきた。

3/18 救援物資をめぐって

第8日

震災から8日目の避難者数は661名。震災直後の避難者は1000人以上だったので、400人ほどが志小避難所を離れたことになる。

この日、物資部が正式に立ちあがった。

物資担当のリーダーに任命されたのは、内装業を営むコウイチさん（63歳）だった。

「自治会ができ、物資が入り始めたんですよね。メインの道路が片付いて、物資が入ってきて、荷おろしとか手伝いに行ったんですよ。そしたら、リーダーが誰もいないんですよね。で、おろせるからおろすと。ただ、部屋や教室にどんどんどんどん重ねていくから、潰れかけて、倒れそうになる。私は昔ある問屋にいた時、倉庫管理をやり、並べ方とか結構やってたもんで、それがすぐ頭に浮かんだんですね。四つ切り、五つ切り、六つ切りとか、いろいろあるんですけど。サイズや形に応じて、組んでいくんです。

そうすると、崩れなくなるんですよ。高く積んでも。それを何回かやっているうちに、そっちの管理を頼まれるっていうか。結局、あとになっての会長からの依頼って言うかな、『やってください』っていうことで、物資の部長になりました」

コウイチさんは、段ボール箱をつぶさないように積み上げる技能を身につけていた。もちろん、それだけではない。毎日大量に届けられる救援物資は、避難者の手に届かなくては意味がない。そのためには適切に整理・保管されていなければならない。それに、届く物資は段ボール数箱というスケールではなく、2トンあるいは4トントラックに満載されたものである。それを整理・保管するには、専門的な知識と技術が必要となる。さらに、整理にあたる仲間やボランティアたちを指揮して、作業しなければならない。「部長になってからは、受け入れも、配布も、全部、私が管理しましたね」。

被災地や避難所の情報が正確に伝わらないことから、救援物資の配送は、「必要なものが必要な時に来ない」、逆に「必要でないものが突如大量に届く」ことがしばしばあった。志小避難所でも、事情は同じだった。

たとえば、「被災地は寒いから」とカイロやマスクが一度に大量に届く。あるいは、テレビで「衛生面が問題」と流れると、消毒薬が500ケースも届けられる。運転手に「どっから来たの」と聞くと、「志津川中学校から回されてきた」などということもある。

特に南三陸町の場合は、不運にも役職に就く多くの町職員が防災対策庁舎で亡くなったため、町役場のあらゆる業務がうまくコントロールできない状況が続いていた。大量の救援物資が集約・配送の拠点となったベイサイドアリーナに届いても、ハンドリングが上手にできないため、必要な救援物資を適切なタイミングで各避難所に配送できないでいた。

副会長のタダヒコさんによると、すでに乳幼児がいなくなったのにミルクを満載した10トン車が来たことがあったという。運転手に聞くと、役場の指示だという。「ここに乳幼児はいないし、置くところもないので持って帰ってほしい」と断ったところ、「志津川小は物資が要らないらしい」と判断されてしまい、しばらく町役場からの救援物資が届かないこともあった。一方で、この時期になると多くの人たちの協力で独自のさまざまな支援ルートも生まれ、町役場に全面的に頼らなくても物資を入手することができ、「あんまり困らないですみましたけどね」。

写真17　配給の様子　©志小避難所自治会

物資が入り始めて1週間が経った頃、コウイチさんは、志津川のとなりの戸倉地区に行く機会があった。その際、お寺とか集会所の小さな避難所にはまだなにも物資が届いていないことを知りがく然とする。そこで、志小避難所の物資を自分たちで直接配達することを思い立った。

ただその際も、町役場は当初「勝手なことをしないでくれ」という反応だったという。結果的に、「まあやってください」ということになったが、電気・ガス・水道もなく物資も届かない人命がかかった状況でも、とっさの判断ができない町役場に疑問を感じた。

コウイチさんは、次の日に早速トラックを借り、ペットボトルの水とかアルファ米を、物資が届いていないそれらの避難所に届けて回った。

会長のタカチョーさんは、大量に届く救援物資の保管スペースに悩んでいた。極端な日は、2トントラックが朝夕に1台ずつ来るような状況である。早くから長期戦を覚悟して救援物資の確保を優先してきたが、その保管スペースがなくなってきた。小学校にお願いして理科室を借りたが、次に第二理科室、さらにとなりの図工室もと、計3室借りることになり、学校側から「もうこれ以上は勘弁してくれ」という要請があった。

写真18　小学校理科室での衣料物資の配給

©佐藤信一

一方で救援物資は、ものによっては必要な量が十分に届くとは限らなかった。たとえば、600人に対し、下着セット（シャツ・パンツ・靴下）が200セット届く。これを「1人1セットずつ」という形式的な平等に縛られると1つも配れないことになってしまう。ほしいものは目の前に届いているのに人数分揃っていないから配らない。そんなことが多くの避難所で本当に起こっていた。

しかし、志小避難所では、そうはしなかった。とりあえず必要なものは配ることを優先する。そのため、シャツ・パンツ・靴下をばらして、それぞれを必要な人200人ずつに配るといったこともあった。「十分にはわけてもらえないという心理的な不満はあったかもしれない」が、不自由な生活のなかで「とりあえずほしい」という避難者の気持ちを重視した。そして、工夫して配るために手間を惜しまない自治会関係者の努力が、それを支えていた。

副会長のタダヒコさんも悩みを抱えていた。「いかに平等に気を配っても」、どうしても「なんで、あっちばかり」といった苦情が出てくる。時には「こういう事情があって、できませんでした」と言い訳がましいことを言わねばならない場合もあった。

しかし、思い切って「決めること」が大切で、「決めないこと」は無責任で、それは確実に現場を混乱させることにつながった。悩む場合には、自治会として「車座組んで」決めたり、時には「こうやろうと思うんですけど、どうですか」と避難者に提案し、確認をとりながら進めることも多かった。常に全体としてのよりよい選択を考え、できるだけ話し合って決めるというスタンスを貫いた。

そのかたわらで、他の避難所とも密接に連携した。とりわけ、志津川中学校と志津川高校とは頻繁に連絡をとりあって、情報を共有したり、必要なものをできるだけ融通しあうようにした。

物資の仕分け作業は、最初コウイチさんが逐一指示をしていたが、ある時期を過ぎると、経験を積んだボランティアに徐々に任せていった。たとえば、避難所の女性に声をかけて集まってもらって、女性用の衣類を仕分けしたりした。また、物資担当の立場で避難者の要望を直接聞いて回って、困っている人にピンポイントで届けることなども行った。もちろん、必ずしも要望どおりにはいかないことも多かったが、ボランティアのきめ細かな気遣いそのものが、寒くて不便な避難所生活を送る人たちにはありがたかった。

「難しい問題ですね。人間ってのは、状況によってずいぶん変わってくる。初期の段階では、なんでもいいやって思ってたのが、だんだん落ち着いてくると、あれほしいとか、これほしいとか」

志小避難所では、支援物資にある程度めどが立ってきた段階で、衣類などを中心に「新品」「中古の上」「ふつうの中古品」「着古したもの」と四段階にわけた。このうち、４番目のなかで

「これは誰ももらってはくれないだろう」と判断される、客観的に見て使えないものは、保管スペースの問題もあって思い切って廃棄処分とした。残念ながら、支援物資のなかには、現実にはどうしても使えないものもあったのである。

3/19

行政には頼らない

第9日

3月19日、福島原発の情報が志小避難所に入ってきた。翌日が雨の予報で、濡れると被曝するという情報もあり、外出禁止となった。

また、この日、自衛隊が志津川小学校にテントを張って、1日に2度の食事の提供が実質的にスタートした。


志小避難所では、町職員が持ち込んだ、ある「1枚のメモ」が役に立った。

それは、阪神大震災のあと、神戸市教育委員会が作成した避難所マニュアルの抜粋メモである。これらの資料は町職員らが震災以前から作成していた資料で、津波で流出しなかった資料のなかからようやく見つけ出されたものだった。「避難所は仮の場所であることを意識させる」「自治活動になっても学校側が関わらないと、トラブルになる」「ボランティアは直接受け入れない方がよい」「現場がどんどん声をあげていかないと、なにも起きない！」など、メモに書かれたコン

3/19 AM

神戸の事例から（教育委員会文書より[redacted]が抜粋，一部改変）

災害救助法

・適用期日は原則1週間。その後は延長される。

・神戸の場合は1／17～8／20

・期間が終了すると，避難所を閉鎖しなければならない。

・この場合，被災者は待機所（近くの公民館など）に移動

・仮設住宅が建たないと目処が立たない。

・神戸ではグランドに仮設校舎

避難所生活

・居住スペース割当

・間仕切り等でプライベート空間

・コミュニティー毎にグループ分け。

・1カ所に長くいるより，グループ毎に移動させる。

（ここは仮の場所であることを意識させる）

・居住スペースが足りなければ仮設を要望。

・班長会議には，自治会，行政，ボランティア，学校が必ず入る。

・自治活動になっても学校側が関わらないと，トラブルになる。

心のケア

・ストレスチェックアンケートの実施

→〇点以上はカウンセリングを受けされる。

・中高生→小さい子と遊んでやるのもボランティア

・遊び場を作る。

ボランティア関係

・社会福祉協議会がボランティアセンターを立ち上げ，
必要な場所へ派遣。→当町では県に要望？

・直接受け入れない方がよい（人物証明，保健）

その他

・避難所では，元気な人から去っていく。

・災害弱者が残るので，引っ越し等でボランティアを活用。

・現場がどんどん声を上げていかないと，何も起きない！

資料１　自治会に持ち込まれた阪神淡路大震災の教訓を記したメモ

セプトは、志小避難所運営の基本方針として、自治会メンバー内で共有されていった。

タカチョー会長のノートには「3月19日、役場より自治会による運営への移行の確認」と書かれている。自治会による「自主運営」が打ち出されるようになったのがこの日だった。ところが、自治会による「自主運営」が明確になるほど、これまで避難所運営の方針を定めてきた行政との関係が難しいものとなっていく。

3月14日の自治会発足直後から、自治会と行政のサトウ所長との間には軋轢《あつれき》が生じていた。自治会によると、問題は「行政は情報を小出しにする」点にあった。

実際、ガソリンをはじめ燃油系物資がいつ入るとか、トイレの浄化槽を動かす発電機がいつ来るとか、震災直後の避難者にとってはきわめて重要な情報が、まばらに知らされることがあった。避難所の自治会関係者は、行政が情報を小出しにしているという印象を持っていた。行政マンとしての立場上、不確かなことは言えないという事情が、サトウ所長側にはあったのだろう。

この日、あることがらをめぐり、「煮え切らない言葉しか出てこないので」、とうとう温和なタカチョー会長は言い放った。「だから言ったべ。最初から小出しにしないで、今どういう状況にあるのかをはっきりさせて、我々がどういう方向に行ったらいいのかをちゃんと示してくれ」と。

その上、避難所を自治会で運営させる一方で、行政側は急を要することでも報告を求める。「なんで必要なものを、災害対策本部に直接とりにいったらダメなの?」。自治会側のフラストレーションはどんどんたまっていった。
「もうダメだ。直訴するわ」。タカチョー会長は、災害対策本部に直接出向き、副町長に直談判して志小避難所を住民主導で自主運営することについて同意を取りつけた。「マニュアルがないと動けない人と、なくても自分で判断して動ける人の違い。うちのメンバーはマニュアルがなくても動けるメンバーだったと思いますね」。

逆に、行政のサトウ所長の立場や状況はどうだったのか。サトウ所長は、次のように語る。

「最初は行政が仕切ってましたので。でも、行政は上から目線になっちゃうんですね。その気はないんだけれども。行政は、あるところで退くべきだと思ってました。
最初はなんの情報もないんです。電気いつ通んの、水道いつ出るのというふうな情報は、行政でもわかんないんです。かえって東北電力なんかの、配線工事をする人に聞いた方が情報が早いですね。役所がだんだん機能するようになってきて、そこからの情報を皆さんに毎日の会議で伝える。その役割だけにしました。あとは本部から動かないで、そこにいるようにしました。目的がどうのではなく、なにかあった時に窓口としていることが大事なんですよ。文句の聞き役のためにいるんです。はけ口はここですからね、役場の窓口ですから。そこにいるっつうのは、本当につらいもんですよ」

被災者が必要な情報を、実際に行政が「小出し」にしていたのかどうか、真実のほどはわからない。しかしながら、たとえば列車が線路上で立ち往生した時、あるいは飛行機がいつまでも飛び立たない時、私たちは「いったいどうなってるんだ？」と思い、情報の少なさにじりじりとした気持ちとなる。避難所の運営に携わった人たちが同様の心持ちになり、「実力行使」に出たのも無理からぬことだと言わねばならない。

こうして志小避難所は、この日をさかいに約６００人を抱える自主運営の避難所となった。

３月11日。一つ屋根の下、小学校の体育館で突然の避難所生活が始まって９日が経過していた。津波で多くの大切なものを失い、先が見えない厳しすぎる状況のなか、お年寄りから子どもまで、さまざまな年齢や立場の人たちが身を寄せ合って、生きていた。その誰もが被災者だった。

小学校の体育館で、電気・ガス・水道のない限られた条件のもとで、避難所というコミュニティはどのように運営され、刻々と変化していく状況に対応し、課題と向き合って難局を打開していったのか。

震災後３日間の「混乱期」、続く６日間の「初動期」を経て、志小避難所は、「展開期」を迎えようとしていた。

3/20 カップラーメンの餞別《せんべつ》

第10日

3月20日、震災後10日目。志小避難所の避難者は600人を切り、587名となった。この日の最低気温は1・8度、最高気温は13・0度。比較的暖かい1日になった。

体育館には、生後5か月の赤ちゃんを抱えたお母さんが避難していた。

震災当日、生花店で働いていた彼女は地震直後、迷わず志津川保育所に向かって走り出した。赤ちゃんを母親にあずけていた彼女は、母親と「いざという時の避難場所」を志津川保育所に決めていたからだ。彼女は、約束どおり保育所に避難していた母親と合流し、赤ちゃんをおんぶして志津川小学校の体育館にたどりついた。

避難後3日ほどが経つと、

「物資も届いてきているし、統制もとれているし、病院の先生もいるっていうので、すごく安心できる避難所でした。車が通れるようになると家に戻ろうと家族と言っていたんですけど、すぐに帰るよりここにいた方が安全だし、人も頼れるだろうということで残ったんです」

入浴できないため、子どものお尻がかぶれたりすることはあったが、ともかく周囲の人がやさしく接してくれて、授乳などは医療室ですることもできた。

「自分の娘をかわいがってくれるっていうのはうれしかったです。知らない人同士なんですけど、おじいちゃんとかおばあちゃんとかがちょっと顔を見せてってと近づいてきて、やさしくふれあって帰っていくとか。保育所の小さい子たちも、充分小さいのに、もっと小さい娘をあやしてくれるとか」

そのお母さんは、10日目のこの日志小避難所を去っていった。

この日、配給部のリーダーに、志津川地区で4代続く和・洋菓子屋さんの店主タケカズさん（46歳）が任命された。

タケカズさんは、この年の4月から地元志津川高校のPTA会長を務めることになっていた。タダヒコ副会長の2つ後輩で、ぼくとつな「東北人」は、「タケ、手伝ってけろ」というタダヒコさんの「鶴の一声」で決まった。

もちろん、「先輩に言われて、心ならずも引き受けた」というわけではない。タケカズさんは津波で自宅も店も流された。かろうじて人に貸していた家が残ったので、そこに住むことはできたのだが、

「みんなが避難所をやってる時に、家にいられないから」と、避難所の自治会の仕事を続けた。しかも、「避難所で寝ることは（申し訳なくて）できない」と言い、毎晩自分の車に寝泊まりしていた。

タケカズさんの故郷・志津川を思う気持ちはすこぶる強い。

「地域の人に生かされているから、自分が商売を続けてこられたわけじゃないですか。なにか、その恩に報いるようなことをしねえとダメなのかなと。そこは決してぶれてはいけない部分だと思います。震災直後に言われたのが、『この町から逃げんなよ』という言葉。このひとことが、ずしっと重く残っているね。今まで生かされてきたのも、これから生きていくのも、この町だよって」

配給の仕事は、大きく2つ。毎日の食事の配給と、救援物資の配給である。

食事の配給は、震災後3日目から、水産工場を営むヒロアキさんや町役場のリョウコさんたちを中心に自発的にスタートした。そこに自衛隊のサポートが加わって1日2回の食事のサイクルがようやく安定し始めていた。

3日目にサンマを焼いたあとも、何度か魚を焼いた。なにしろ多い時は800食以上を用意することもあり、「1食つくるのに、半日かかる」感じだった。

また食器の在庫が底をつきかけていた。そこで自治会はマイカップ（おわん）・マイはし制の導入を決めた。使い捨て用の発泡スチロールのカップや割りばしをウェットティッシュなどで拭いて、数日間再利用するのだ。もちろん衛生上好ましくないことはわかっているがやむを得ない決断だった。

食事の配給については、保育所メンバーが大いに活躍した。調理グループを担当した保育所の調理師は次のように思い出を語った。

「保育所で行事の時とかにカニを使って調理するので、カニ缶が結構あったんですよ。そこで、たまには雑炊もいいんじゃないということで、つくったんですね。それがすごくね。それまでは皆さん、なんとなく下向いてたのが、すごく笑顔がね。カニの匂いもするし、あったかいものが口にできるってことでね。10日間ほどが過ぎた3月20日頃のことだったと思いますよ」

タケカズさんにとって難しかったのは救援物資の配給だった。ここでもっとも大事にしたのが平等性だった。平等にわけないとトラブルの原因になる。しかし救援物資にはさまざまなものがある。同じものでも種類、サイズ、数などが違ったり、一方で避難者によっても必要性が異なったりした。配給する側は「平等にわける」ことを心がけ、避難者には「自分勝手な行動をしないようにしてもらう」ことを期待した。もちろん、そううまく行くことばかりではなかった。

たとえば、カップラーメンが余っているので、お昼に「1人1個」持っていってもいいよと知らせたのに、2個や3個持っていく人がいた。他にもそういう人が出てきたので、その人をたしなめると、「なんでこっちだけ怒るんだ」となった。タケカズさんとしては、怒るどころか、「なんでこういう時にこういう勝手なことができるんだ」と呆れてしまったが、とにかく周囲の人たちのとりなしでその場をおさめることとなった。

また、「避難所は仮の場所であることを意識させる」ねらいで、「避難所のスペースは固定せず、1週間か10日で移動してもらう」という自治会の方針にしたがって、「1週間後には、別の場所に動いてもらいます」と告げた時に、いきなり10歳も20歳も年上の人に「ふざけんな」と怒鳴られた。理解を求めたが怒りはおさまらない。その時、その様子を見かねた避難者がその人を外に連れ出して説得してくれた。

「そういうふうに、誰かがなにかをした時、トラブルが発生した時に、誰かがすぐにフォローに回るっていうことが、志小避難所にはあったと思う」

一方でタケカズさんは、避難所を去っていく人たちには、「自分で頑張れる人を応援する」という気持ちを込めて、「餞別」の意味でカップラーメン数個を渡して、送りだすことがあった。

「出たくても出られない人もいるじゃないですか。平等平等って思いながらやってたんだけど、やっぱりそういう部分では平等ってありえねえなって思ったけどね。でもやっぱり、やってよかったかなって。モノがない時だったので、少しでもカップヌードルでもなんでも食料をね、それをもらった人たちがそれを食べてつないでいけたらいいなって。後押しになればいいなって。それがよかったか、悪かったかは、わかんないけどね。ほんとは平等でなきゃいけないんだとは、思ってはいる。まあ小学校がうまく行ったっていうのは、やっぱりみんな、気心の知れた人たちが常識を持って助けあったっていうのが大きかったかもしれないね」

志小避難所では、突然集まったさまざまな年齢や立場、背景を持つ大勢の人たちが、誰もが不安で不自由な思いをしながら共同生活をしていた。そうした状況のなかで、「物資を平等に配給する」とはどういうことなのか。その難しい課題に、タケカズさんはリーダーとして向き合い、誠実にこたえようとしていた。「去っていく人たちへのカップラーメン」は、その課題に対するタケカズさんなりの答えだった。

さて、タケカズさんの配給部リーダーへの就任によって、自治会ならびに避難所構成メンバーの陣容がほぼ固まった。

自治会			
会長	タカチョーさん	自営業	50代
副会長	タダヒコさん	自営業	40代
副会長兼衛生担当	シンタローさん	会社員	30代
施設（自警）担当	ヤスノリさん	自営業	50代
物資担当	コウイチさん	自営業	60代
配給担当	タケカズさん	自営業	40代
事務局	マイさん	町職員	30代
事務局	シノさん	町職員	30代
医療班	ササハラ先生	医師	60代
行政	サトウ所長	町職員	50代
学校	ヤマウチ先生	教師	50代

自衛隊
ボランティア

自治会メンバーは、副会長兼衛生担当のシンタローさん（「新参」の30代の若者）と事務局のマイさん、シノさん（共に町職員）以外は、地元の「顔なじみ」の40〜50代の商店主・自営業となった。大勢の避難者を乗せた「志小避難所」丸は、この布陣で舵をとりながら、航海を続けていくこととなった。

3/21

第11日

避難所と学校 子どもたちのために

写真スタジオを営むシンイチさんは、志津川小学校のPTA会長を務めていた。家が流されたシンイチさんは、家族と共に志小避難所で避難生活を送っていた。

シンイチさんは、職員室に続く放送室に、ヤマウチ教頭とずっと一緒に寝泊まりしていた。志津川小では全体の実に6割の子どもたちの自宅が津波で流された。また、半数近くの教師も家を失った。ヤマウチ教頭も、そのなかの1人である。

シンイチさんがなぜ体育館ではなく、学校の一室で避難生活を送っていたかというと、ひとえに小学校の再開に向けての準備を進めたかったからである。昼間は写真家として撮影に出て、夕方や夜になって戻ることも多かったが、「帰ってくれば、お疲れさんとかご苦労さんとか、どうだったかとか」、避難所の人たちは声をかけてくれた。「避難所の皆さんの理解があったからこそできた。とても感謝している」

学校に戻ったら、校長や教頭とその日の子どもたちや学校の状況を確認し、「学校再開に向けてどうすればよいか」について毎日のように話し込んだ。

震災のあった2010年度、全校児童は450人ほど在籍していたが、震災後は4割にあたる約200人の子どもたちが転校していった。一度町から離れた子どもは実際にはなかなか戻ってこられない。子どもたちの町からの流出をなんとか防ごうと、シンイチさんたちは他校のPTAとも連携しながら、町に対しスクールバスを運行するよう嘆願書を出したりした。

一方ヤマウチ教頭は、自らの役割を「パイプ役」だと考えていた。学校を代表して、1日2回の自治会の定例会議に出ていたのもヤマウチ教頭である。自治会から救援物資がどのくらい必要かの問合せに対しては、正確な回答を心がけた。

「避難所運営は大変だっていうことは重々承知だったのでね。なんとかタカチョー会長さんに迷惑がかからないように、共存できるように、お世話をさせていただいた」

ただし、「体育館の避難所」と学校側の間に、摩擦がなかったわけではない。特に、物資が潤沢に届き始めた頃には物資の保管スペースをめぐってトラブルが発生することもあった。大量の物資が避難所に届くと体育館にはすでに保管スペースがないため、自治会側はやむを得ず学校の教室を使わせてほしいと考える。しかし学校としては、スムーズな学校の再開という目標を達成するために、できるだけ教室の使用を回避したい。

タカチョー会長は、そのような学校の事情を察知して、校長・教頭との話し合いのなかで次のように伝えた。

「避難所のことはこちらに任せてください。その代わりにしっかりとコンタクトをとるので。先生方は職務の方に専念してください」

その結果、避難所への教員の関わりは最小限になった。他の避難所では、学校側が避難所運営に関わりすぎて先生方が疲弊したり、学校運営に影響したところもあった。しかし志小避難所は「学校再開」に向けて、できるかぎり学校の事情を配慮して運営された。

この日、学校側から1週間後の3月28日に卒業式を挙行したいという希望が、タカチョー会長のもとに届けられた。

自治会はすぐにその提案を受け入れ、卒業式の内容について学校側と協議が進められた。すでにテレビや新聞などでは他の避難所での卒業式の様子が、報道されていた。それは、避難者が生活する場所で空きスペースを使っての「卒業式」だった。その映像を見たタダヒコ副会長には、「それはそれでアットホーム」に思えたが、「一生に一度のイベントなんだから、ちゃんとした晴れ舞台を用意してあげたい」という思いが芽生えた。しかしながら、現実には、目の前の体育館ではいまだ600人近くの人びとが所狭しと避難生活を送っている。そして、多くの人が体育館のそのわずかなスペースを「自分が生活する場所」だと考えている。

タダヒコ副会長とタカチョー会長は、一計を案じた。

その時の体育館は、いくら土足厳禁にしていても、砂や泥は避けられず、あまりよい衛生状態ではなかった。そこで、6年生たちのために卒業式を挙行するという大義名分で、大掃除をして砂ぼこりを取り除くだけでなく、パイプ椅子などの備品もすべていったん片付けようと考えた。全部きれいにして、床も拭き直して、体育館の環境をリフレッシュしようというわけである。

ただし、避難している住民たちに移動を依頼し、砂や泥で汚れた体育館の大掃除を本当に実施できるのか。果たして28日に卒業式を円滑に挙行できるのか。執行部のメンバーの不安は募った。

また、卒業式の段取りを進めていくのと並行して、教室に避難している人たちに対して体育館に移るよう説得するという仕事も行わなければならなかった。学校側から、教室をできるだけ早く明け渡してほしいという要請が来ていたからである。

その説得にあったのが、タカチョー会長である。最初に話した時には、かなりの抵抗もあった。「お前になんの権限があるんだ!」という言葉も浴びせられた。そこで、このように返答した。

「嫌だったら、あなたがきちっと職員室に行って、校長先生に移りたくないって言っても構いませんよ。私たちはあなたたちに命令する立場ではなく、ただ移ってほしいだけだから。期日はこれこれで、あなた方のお子さんのための教室として再開できるわけだから。どっちを選びますか？」

「子どものため」と言われれば、ノーと言う人はほぼいまい。このような、タカチョー会長の、穏やかだが、理の通った言葉は、避難所生活の重要な局面ごとで大きな役割を果たした。

震災から11日目のこの日、ようやく町役場の仮設庁舎がベイサイドアリーナに設置された。近隣の町まで電気が通り、ここ志津川地区も復旧作業がいよいよ本格化することになる。また、志小避難所にも、周辺地域の情報が続々と集まるようになってきた。

志小避難所では徐々に救援物資が保管スペースを超過し始めていた。そこで、届けられたものを「ただ分配する」から「必要な物を配る」体制に移行しながら、物資の配分を効率化・合理化していく必要があった。それと同時に、「各地に点在する小さな避難所」や「被害を免れた自宅で避難している人たち」への物資の配給も、自治会独自の判断で組織的に推し進められていた。

3/22 マスコミの功罪

第12日

この日も前日に引き続き、自治会と学校側で卒業式に向けての段取りが話し合われた。最低気温はマイナス0・3度。まだまだ寒さも厳しく、体育館出入り口付近の人たちへの配慮と防犯上の観点から、緊急時以外の夜間（22時〜5時）の出入りを原則禁止することにした。また、喫煙マナーが徹底され、体育館出入り口以外では吸わないことが周知された。さらに、多くの方々が待ち望んだ携帯電話の充電サービスが開始された。一方では、電気・ガス・水道のない生活も続いていた。

この日から、正式に報道規制を敷くことが決まった。マスコミが取材できるのは、10〜15時の間。これは志小避難所および志津川中避難所両方の共通ルールとした。志小避難所の場合は、体育館の受付で許可を得てから取材ができることとした。また、医務室は取材禁止とした。

震災当初、外部から入ってくる情報は携帯ラジオか車のラジオを通してしかなかった。体育館に避難している人びとの多くは、最初の数日間はとにかく命をつなぐことに必死で、南三陸町で、あるいは東北全体でなにが起こっているかを知るよしもなかった。しかし一方で、震災直後から、各種のマスメディアが取材に殺到するという現実があった。

施設部のリーダー・ヤスノリさんのところには、震災後4日目に地元テレビ局の取材がきた。「奥さんとか家族は?」と聞かれて、「女房は、今どこさ行ったかわからない」という話をしたら、それがテレビのニュースに流れたらしい。それをたまたまある病院の看護師さんが休憩時間に見ていて、奥さんに「旦那さんかもしれない人が映ってたよ」と伝えてくれた。こうしてテレビ取材を通して、7日目か8日目に奥さんからの連絡で無事を確認しあうことができた。

配給に携わったタケカズさんも、

「マスコミとかが来た時に答えれば、テレビを通していくじゃないですか。テレビを見て、必要なものを持ってきてくれる人がいたし。1回持ってきてくれた人たちが、次なにがほしいですかって。その人たちが自分のところに帰った時に、ネットで発信するらしいんですよ。そうして、また必要なものを持ってきてくれる」

このように、マスメディアが持つ広範な伝播力は、絶大だった。

この力をうまく利用したのが、町長である。

震災翌日、防災対策庁舎から生還を遂げた町長は、ベイサイドアリーナに防災対策本部を置き、復興の陣頭指揮をとった。

真っ先に町長のところにやってきたのは、知り合いのNHKの記者だった。その記者のすすめで記者会見をし、「とにかく町民は食べ物もなにもない。とにかく助けてくれ」と30分ほど話した。それが全国ニュースで取り上げられ、その後「物資は困らなかった」という。

その経験から、町長は毎日午後3時に定例の記者会見を行うことにした。数日後、「水道がダメで水がないんです」と話したら、次の日水を積んだ10トントラックがベイサイドアリーナ前で数珠つなぎになっているということもあった。

その一方で、マスコミの行き過ぎた取材に対応したのがタカチョー会長だった。

「多かったってもんじゃないですね。皆さん、東京からハイヤーで来るんですね。黒塗りのハイヤーで。報道していただくのはいいんですけど、ちょっと度を超す取材をしたり。あとはヤラセ的なことをする人も出てくるんですよね。あるいは、許可を得ないでやったりと。結局、犠牲者、亡くなった家族とかっていうエピソードばっかりを探すようになるんですよ。さりげなく私のそばにやってきて、『ここにこういうふうにご家族を亡くされた方がいるんですよね』と水を向けてくるんです。そこで私は『ちょっとわかりませんねえ』ととぼけて。その対象の人が私のそばにいるんですけどね。そんなふうな対応をさせてもらったこともありますね」

自身がカメラマンとして被災者を撮り続けているシンイチさんは、自嘲気味に言う。「誰もがはじめてのことだからね。うーん、あれがいい、これがいいっていうのは、人のモラルの問題であって、ふつうのモラルを守ってては、スクープは撮れないんだよな。一線を越えてはいけないところがどこかっていうのは、人それぞれだろうな。志津川小は話題が多かったから、いろんな人、いろんなメディアが来ましたけどね」。

シンイチさん自身、批判されることを覚悟で、「悲惨な」現場の状況をとりつかれたように撮り続けた。迷いもあったが、写真という媒体で真実を残せるのはオレしかないという自負、使命感があったからである。しかしながら、シンイチさんの場合は、予期していたような批判にこれまで出会ったことはない。逆に、ある人の最期の一瞬をとらえた写真を、その遺族の人たちから「よく撮ってくれた、残してくれた」と、感謝されたことすらあった。

マスコミ関係者も、ただ一方向的に情報を「搾取」していくばかりというわけでもない。被災者の取材を続けるなかで、自分なりの学びを得ることも当然ある。志小避難所を継続的に取材したある新聞記者は、次のような文章を残している。

「体育館の外でドラム缶のたき火を囲みながら日本酒を飲んだ夜のことが印象に残っています。私が「東北の人はやさしい。東京でこんな大災害が起きれば、みんなこんなやさしくはなれないと思う」と言った時のことです。『船長さん』と呼ばれていた60代の男性が突然怒り出し、「いいか、人間ってのは母ちゃんのおまたから生まれてきたんだ。おまたはあったけぇんだ。だから、人間はもともと、みんなあったけぇんだ。東京の人を悪く言ったらいけねえ！」と語気を強めました。『船長さん』は、人間を信頼していました。

多くの人が犠牲になったという暗い現実。ケーキが食べられる日常への感謝。『人間はみんなあったけぇ』という信頼。子どもたちのためにと、必死に復興を担う生きざま。それらを失わずに新しい町を築くことができれば、南三陸町は、世界中から多くの人が訪れる場所になると思います」

3/23 ありがとう、自衛隊

第13日

この日、自治会の定例会議では指示系統の流れが確認された。これまでは多くの「指示」が、いわば「目についた人がする」といった曖昧なものもあったが、これからは避難所での決定事項は定例会議で話し合い、班長会議を通じて告知することになった。

また、インフルエンザの予防を含め、衛生管理を徹底した。衛生管理の役割を毎日の掃除の指導、点検、人員の呼び出し、人員の振りわけ、ゴミ袋等用具の提供など、詳しく周知することとし、各ゴミ袋の点検、トイレ用のバケツの水汲みの声かけを行うことになった。

環境整備のために、ゴミの回収について情報共有が行われ分別が徹底された。たとえば、紙は焼却炉で処分する（9時30分、14時00分の2回）。びん・缶・ペットボトルはゴミ置き場へ運び業者が回収する。それ以外は体育館玄関脇に一時保管して業者が回収することとなった。生ゴミはステージ脇に一括収集し、希望した農家に引き取ってもらう。

生活環境については、カーテンの開閉の時間、傷んだ体育館の整備（ドアの開閉の消音対策など）、マット・毛布の配布、喫煙マナー厳守の呼びかけ、班ごとの区画整理を進めることなどが決められた。

またこの日、沖縄からの自衛隊部隊（第一次）が志津川小学校に駐屯を始めた。沖縄陸上自衛隊からやってきた部隊の任務は、水の確保と1日に朝夕2回の炊き出しを行うことだった。2週間を1クールとして、5月8日の避難所閉鎖の直前まで、三次にわたって沖縄からの部隊がやってきた。そして、志小避難所の人たちとの間に温かな交流が生まれた。

タダヒコ副会長は、自衛隊への感謝の気持ちを次のように述べる。

「自衛隊の人がね、『2食は用意しますと』言ってくれたんだ。あの頃にね、強く断言して言ってくれるのは心強かったよ。少なくともこれで命の心配はないんだから」

シンタロー副会長は、「彼らが独特の距離感を持って接してくれたことが助かった」という。炊事や水の確保といった自治会運営において不可欠な、しかしながらきわめてハードな労働を彼らは担ってくれた。それに加えて、「手伝えることはないかと、ごく自然に話しかけてくれた」

し、「べったりというわけでもない距離感」をキープしてくれた。

頼りがいはあるが、決して自らの領分を踏み越えない自衛隊の活動に対して、当時の避難者たちは口々に感謝の念を表明する。

「助けてもらったお礼にね、部隊が帰る時にお別れ会をしたんだ」

「卒業式をしたいから餅を用意してほしいというと、なんとかしてくれたんだ」

震災当日、沖縄に第一報が入ると、すぐに彼らは出動の準備に入った。

そして車両や資材を埼玉県朝霞駐屯地に集結させ、福島県郡山駐屯地で必要な物資や燃料を調達、宮城県の王城寺原演習場を経由して3月23日に志津川に到着した。それまで志津川地区には九州方面の部隊が展開していたので、沖縄部隊は入れ替わりで支援活動にあたることになった。

沖縄の部隊の支援は、1クール90名が三次3班にわかれて活動した。拠点となったのは志津川小学校、志津川中学校、志津川高校のそれぞれの避難所である。

給食に関しては、朝と夕方に飯と汁物の提供を行った。また副菜などの調理も支援した。基本的に避難所にある救援物資を利用し、避難所の食事担当者たちと配食にあたった。

給水支援では専用車両を使い、4~5キロメートル離れた内陸部の給水局から水を運んだ。その他にも、飲料用のお湯も提供した。

その他の生活支援は、避難所側と協議し活動内容を決めていった。瓦礫撤去のための重機が必

郵便はがき

料金受取人払郵便

神田局
承認

6430

差出有効期間
2022年12月
31日まで

切手を貼らずに
お出し下さい。

101-8796

537

【受　取　人】

東京都千代田区外神田6-9-5

株式会社 **明石書店** 読者通信係 行

お買い上げ、ありがとうございました。
今後の出版物の参考といたしたく、ご記入、ご投函いただければ幸いに存じます。

ふりがな お名前	年齢	性別
ご住所　〒　　-		
TEL　(　　)　FAX　(　　)		
メールアドレス	ご職業（または学校名）	
＊図書目録のご希望 □ある □ない	＊ジャンル別などのご案内（不定期）のご希望 □ある：ジャンル（ □ない	

籍のタイトル

◆本書を何でお知りになりましたか？

□新聞・雑誌の広告…掲載紙誌名[ ]

□書評・紹介記事……掲載紙誌名[ ]

□店頭で　□知人のすすめ　□弊社からの案内　□弊社ホームページ

□ネット書店 [ ]　□その他[ ]

◆本書についてのご意見・ご感想

■定　価	□安い（満足）	□ほどほど	□高い（不満）
■カバーデザイン	□良い	□ふつう	□悪い・ふさわしくない
■内　容	□良い	□ふつう	□期待はずれ

■その他お気づきの点、ご質問、ご感想など、ご自由にお書き下さい。

◆本書をお買い上げの書店

[　市・区・町・村　書店　店]

◆今後どのような書籍をお望みですか？

今関心をお持ちのテーマ・人・ジャンル、また翻訳希望の本など、何でもお書き下さい。

◆ご購読紙　(1)朝日　(2)読売　(3)毎日　(4)日経　(5)その他[　新聞]

◆定期ご購読の雑誌 [ ]

ご協力ありがとうございました。

ご意見などを弊社ホームページなどでご紹介させていただくことがあります。　□諾　□否

◆ご 注 文 書◆　このハガキで弊社刊行物をご注文いただけます。

□ご指定の書店でお受取り……下欄に書店名と所在地域、わかれば電話番号をご記入下さい。

□代金引換郵便にてお受取り…送料+手数料として500円かかります（表記ご住所宛のみ）。

書名	冊
書名	冊

ご指定の書店・支店名	書店の所在地域 都・道 府・県　市・区 町・村
	書店の電話番号　(　　)

要な活動もあれば、時には薪割りや子どもたちの遊び相手になることもあった。
第一次隊として志津川入りをしたある隊員の話によると、はじめに避難所の自治会と協議して、部隊が駐屯する場所やテントの設置場所を校庭端に定めた。そして2日目から給食支援を始めた。早朝、日も昇らないうちから飯を炊く。避難所の人びとが目をさます頃に、食事を体育館へ持ち込む。ただし迷彩服のまま体育館には入らないようにしたという。

「やはり威圧感のある服装なので、避難所の炊事担当の方にお渡しするようにしたんです」

こうした細かい気配りは「味付け」にも及ぶ。

「沖縄の味付けが皆さんの舌に合うかわからないですよね。味について聞くこともありましたが、一番は『残飯の量』でした。これを見て、味を決めていきました」

また副菜については、避難所の調理担当の人たちと相談して決めた。

「バリエーション豊かにしないといけないんですよね。避難所にはさまざまな食材が届きますが、偏りもあるので」

味噌汁をすまし汁にすることもあった。トマト缶が届けば、トマトリゾットをつくることもあった。「温かい食事を食べてもらうのが一番」というのも、避難所の単調な生活において食事はもっとも豊かな彩りを与えるものだったからだ。その隊員は言う。

「2週間の活動期間のなかで、向こうの人に失礼がないようにしなければならないと思っていました。緊張感はまだありました。なので、最初は『おはようございます』という挨拶だけ。でもそれが『おいしかったですか?』『おいしかったです』といった会話に変わっていくのが、うれしかったです」

活動の終盤になると、徐々に緊張感がほぐれ、避難所との交流も少しずつ生まれていった。子どもたちと相撲をとることもあった。それでも、避難所の状況は過酷であり、自分たちになにができるのか、どこまでしていいのかを模索しながらの活動だった。

第二次隊の小隊長を務めた隊員は、「だんだんと落ち着きを取り戻しているように見えました。生活のリズムができていったんでしょうね」という。緊張感はあったが、生活リズムが生まれたおかげで、徐々に避難所で生活する方々から声をかけられる機会も増えてきた。

隊員の業務管理をする一方で、自治会の定例会議などにも参加するなど、立場上避難所の代表らと交流することが多かった。そこでは避難所側からさまざまな自衛隊への要望や希望が持ちかけられた。

「行動上の制約はもちろんありました。避難所にはさまざまなニーズがあります。ニーズとこちらができることには、当然ギャップもあった」と振り返る。避難所の要望を聞き、廃材でスノコをつくることもあった。小学校の校庭は避難してきた車両によって荒れていたので、民間の協力を得て、重機で校庭の土をならすこともあった。

「私たちには定められた任務があるので、すべてに対応することはできませんでしたが、可能なかぎり対応するよう隊員には指示を出しました」

第三次隊のある隊員の活動は給水支援であった。

毎日給水車を走らせ、避難所に水を運んだ。給水車1台につき1トンの給水を行う。常に潤沢に水を使用できるように気を配った。また避難所の近隣で自宅避難をしている高齢者の人たちには、リアカーを引いて水を配って回った。決められた仕事ではなかったが、必要があり、求められたらできるかぎりこたえようとしたという。

「できるだけ日常と変わらないようにふつうに対応させてもらいました。日常生活のままというか。こちらの配慮や緊張が伝わらないことが重要だと思いました」

校庭では子どもたちとサッカーや鬼ごっこをして遊ぶこともあった。毎日のように、小学生の女の子が顔を出しに来てくれた。「おじちゃん、おじちゃん」と集まる子どもたちは、とても人懐っこかった。

被災地支援が現役最後の任務となった、第二次隊の隊長も、「なにができるか」をずいぶん思案した。

第一次隊の隊員から「電気も水道もないなか、打ちひしがれている人たちがいる」「元気づけるために『三線《さんしん》』を送ってほしい」という連絡があった。そこで三線をかき集めて、部隊へと送付した。隊員が夜静かに三線を奏でていると、避難所の人たちが集まってきた。この隊長が参加した第二次隊の時には、現地の女子高生が三線の練習をしていた。

「私が参加した部隊にも『歌って踊れる自衛官』がいましたから（笑）。子どもたちと一緒に三線を弾いたんです。沖縄の部隊は、三線を通しても避難所の人たちと仲良くなったんです」

写真19　子どもたちと自衛隊員　©佐藤信一

三線を通しての交流は今も続いており、最近は志津川から沖縄を訪問する子どもたちもいた。

そうした隊長でも、大人との交流は当初かなり難しかった。

「体育館の前でドラム缶を囲んでおられた方たちがいたんですね。それで皆さんに挨拶するんですけど、返事がない時もありましたよ（笑）。緊張感があったんです。それでも毎日通いました。すると最初は『自衛官さん』と呼ばれ、次に『○○さん』になり、やがて『ここに座ってコーヒーでも飲んでけ』と言われるようになりました」

隊長は朝と晩に会議で要望される「ニーズ」だけでなく、1人ひとりの避難者の話を聞くことから小さな「ニーズ」を拾っていった。その結果、少しずつ避難所の人びととの距離感が縮まっていった。

そうしたなかで特に親しくなったのが、配食を担当していたある保育士である。津波で家族を失った彼女に対して、父親の年齢にあたる自衛隊員は、「オレの娘になれ」と言ったのだという。そして、この避難所生活以降、実際に何度も彼女を沖縄に招き、家族同様のつきあいが続いている。

写真20　自衛隊とのお別れ会　©佐藤信一

3/24 お風呂事件

第14日

自衛隊がベイサイドアリーナに「お風呂」を設営した。その「お風呂」に24日から志小避難所の人たちも入浴できるという連絡が入った。

気がつけば震災後2週間。避難者にとっては待ちに待ったはじめての入浴である。

善は急げ。早速、衛生担当のシンタロー副会長が班ごとの順番を決めて、ベイサイドアリーナまでのピストン輸送で順次風呂に入ることになった。久しぶりのお風呂を、多くの避難者は心待ちにしていた。それまではせいぜい、お湯でタオルを濡らし、体を拭くことぐらいしかできなかったからである。

ところが、そこでトラブル発生。突然、そのお風呂が中止になったのである。

衛星電話で、ベイサイドアリーナから「今日のお風呂は中止です」と、一方的な連絡が入った。あとでわかった話では、担当者の勘違いだったようだが、シンタローさんが電話で理由を尋ねても、受け答えする向こう側の担当者も「僕は中止ですと言えといわれただけなんで、なぜだかわかりません」としか答えない。

シンタローさんは言う。


「説明をしてほしかったわけですよ。なんで風呂に入れなくなったのかわからない人が何百人もここに、現実に僕の前にいて、その人たちに説明してほしかったわけなんです。それをなんか、役場の職員同士でごちゃごちゃして帰っていった。その態度にものすごく腹が立って、ステージ上で怒鳴りちらかしたんです。1回だけ。で、タダヨシさんに食ってかかったんですよ。全くタダヨシさん、なにも悪くないんですけど。僕がつかみかからんばかりの勢いで詰め寄って。そしたら、会長と副会長がふっとんできました。

面白かったのは、タカチョー会長が『まあまあシンタローくん、まあまあまあ』と止めてくれたこと。タダヒコ副会長は、『もっとやれやれ』っていう感じで来たんですよ(笑)。『なんだなんだ、誰をやっつければいいんだ』ってきたらしい」


タダヨシさんは町役場の人だが、3月末まで志小避難所で忙しく働き、避難者から信望のある人だった。とんだとばっちりである。

いずれにしても、この「事件」は、翌日改めて行政側からの謝罪によって収拾が図られ、翌々日の3月26日になって志小避難所の人たちはようやくお風呂に入ることができた。

ある女性避難者は言う。

「ベイサイドアリーナの役場の仮設庁舎の下の方に、自衛隊さんがお風呂をつくったんですね。そこにはじめて入った時に、ほんとにね、天国だって感じで、最高でしたね。そんなにきれいなお湯じゃなかったんですけど、シャンプーとかもあったかな。それで髪を洗ったら、町内の人だから顔見知りだったのかもしれないけど、お湯をかけてくれるんですよ。それも、うれしかったですね。なんかほんとにね、大変なんだけど、そういう人のあったかさとかそういう部分がふれあうっていうか。濃厚なんですね。そういう時の気持ちっていうか、あのお風呂はほんとよかったです」

次のような年配女性の声もある。

「自衛隊がお風呂、つくったの。緑のシートを敷いて。で、小学校からね、車で連れてこられたの。午前何人、午後は何人ってね。そのお風呂がね、足の痛い私たちにはなかなか入れない。足場なんてないから。もう四角いんだから。私もここでひっくり返ったら大変だって、女の自衛隊さんを2人呼んで、私のこと支えてよって（笑）。溺れていられないからね。そのうちなんとか箱（＝湯船）のなかに入ったけど。内側が深い。高いんだもの。足つくとこがないんだもの。そこで転んだら、終わりよ、本当に。でもみんな、喜んでね。自衛隊さんのお風呂、うれしかったね」

自衛隊のお風呂とは、ビニールシートで囲った、深く四角い、文字どおりの「箱型」である。若い人にはなんでもないが、高齢の人たちには「高いハードル」に映ったようである。しかも、内側は滑りやすい。足元の段差もないとしたら、確かにお年寄りには「難行」に感じられただろう。

お風呂は日本の心であると言ってよい。避難所生活のなかでおのずと蓄積されていく心身両面のこわばりが、この自衛隊のお風呂によって、たとえ束の間でも解き放たれていった。シンタローさんのあの怒りは、そうした避難者の置かれた境遇や思いを見事に代弁するものであった。

さて、この3月24日には館内放送が再開され、金融関係の出張サービスも始まった。また、課題となり始めたのが、避難者による体育館内での「場所の囲い込み」である。タカ

写真21　自衛隊特設のお風呂　©佐藤信一

チョー会長は言う。

「パイプ椅子をですね、こう並べて、ここは私のスペースですというような『囲い』をつくる人が出始めてきて。片付けると、いつのまにかまた持ってきて……」

これを防ぐために、卒業式を機会に必要最低限だけを残して、パイプ椅子を撤去することが決められた。

タダヒコ副会長のノートには、居住区の再編やルールについてのメモが残っている。

［居住区ルールの再編］

イ　子どもを除き10名程度を班の人数とする

ロ　中央通路と横の通路および出口トイレ入り口のスペースの確保

ハ　ヒーター5台の位置の設定

ニ　談話スペースの設置

ホ　医務室出入り口にスペースの確保

「体育館は仮住まいである」という、神戸の避難所マニュアルのメモにあった「教え」のもとに、志小避難所内に形成されつつある安心感や一体感も、いずれは発展的に解消しなければならないことが、改めて自治会のメンバーの間で確認された。

3/25

ボランティア中学生の活躍

第15日

この頃になると、志小避難所にとってボランティアの協力と働きがなくてはならないものになりつつあった。とりわけ、物資の搬入や仕分けについては、ボランティアの力が不可欠であった。

「日本全国からいろんなボランティアの方がきて、なんでこの人たちはアカの他人のためにこんなに一生懸命やってくれるのかってことを一番感じましたね」とタカチョー会長は言う。

事務局としてボランティアの受け入れの仕事を担当していた、タカチョー会長の娘シノさんは、

「ボランティアでくる人たちって、いろんな思いでやっているので、そのへんをくみ取って、お話を聞いてあげることも大切なのかなって思いました。いろんな人がいるので。気の合う人合わない人。来たのにあまりなにもやらない人とか、逆に率先してやってくれる人とか。それぞれでしたね。でも、小学校に来たボランティアさんたちは、す

ごくいい人ばかりだったので。みんなフレンドリーにつきあえましたね」

ほとんどのボランティアは、外部からやってきた大学生や社会人であったが、異色の存在が1人いた。地元の中学生ソウタくん（15歳）である。タダヒコ副会長は言う。

「当時中学校3年生だったソウタくんには、事務局をしてもらいましたね。今、教育大学の学生になっています。非常に優秀な子で、活躍してもらいました。もう大人顔負けな対応をするので。びっくりしましたね。いつのまにかいましたね。その場にね。事務局を担ってもらって、小さい子たちの面倒も見てくれましたね」

小学校教員だったソウタくんのお父さんは、この震災で、勤務中に亡くなった。お母さんは保育所の保育士で、震災後は志小避難所で食料の配給などに携わった。当時中学3年生だったソウタくんは、震災後数日間は中学校にいて、そこから父親の安否を確認する日々が続いた。その後流されずにすんだおばあさんの家に移り、志小避難所にボランティアとして通っていた。毎日、例の「山道」を通って。

「地域の方々が小学校に避難されてて、うちは実家も祖母の家も残っているので、なにかしなきゃなって思ったんです」

最初は、タケカズさんのもとで物資整理の手伝いから始めた。

「とにかく駆け回ってましたね。やることは尽きないんだから。ほっとする時間はなかったですよね。日が出てから日が沈むまでという生活で、4時半には起きて、5時過ぎにはごはんを食べて、避難所には6時過ぎとかには行ってましたね。朝のラジオ体操もやってました。そして、4時ぐらいには帰ってました。暗くなる前に。

私のようにボランティアをやる中学生は、あんまりいなかったですね。友だちは気を紛らわせに公園とかに遊びに行ったり。なにもすることがないと、虚無感がいっぱい。町も全部ないし、たとえば家が流された人だったら、自分がこれからどうやったら生活できるだろうと、親を亡くした人だったら、自分がどうなるんだろうとか。気持ちを切り替えるって難しいと思うんですよ、中学生が。自分も無我夢中にやってたんですかね。なんでそんなに毎日行ってたのか。

1日の終わりに『ありがとう』って言われたり、『また明日もよろしく』っていう言葉が一番自分を支えていたというか。それがために自分はやる、自分を必要とする人がいる、みたいな感じですかね」

ソウタくんは、避難所の「動と静」のコントラストが印象に残っている。

年配の人たちは、毎日の避難生活で身も心も疲れ果てているように見えたが、タカチョー会長やタダヒコ副会長といった「核となる人たちの動き」は、「毎日希望部隊」という感じで、変わらなかったという。

「常に誰かのためになにかやっててね」

彼自身は、物資の整理の他にも、配給の手伝いや身の回りの環境整備・掃除などと忙しく立ち働いた。「手の空いているところで誰かがなにかをやれば円滑に進むんだから、手分けしてやろう」という雰囲気が満ち満ちていたという。そして、ソウタくんはやがて、4月の半ば頃から事務局を手伝い避難所の運営に携わるようになっていく。

ただし中学生の彼は、ドラム缶のまわりで火を囲むことはなかった。

「特殊な組織というか……。なにしてたのかな、とは思ってましたけどね（笑）。昼間はせっせと働くお兄さんやおじさんたちが、夜になると火があがって、賑やかな声がするぞ、みたいな」

彼は卒業前の時点では、気仙沼高校への入学が決まっていた。しかし、震災によって気仙沼方面への交通が寸断され、結局、気仙沼高校に行ったのは入学式の際の1回だけであった。通学するのはとても無理なため、学校側と相談し、内陸部の登米市にある佐沼高校に転校することとなった。志小避難所が閉鎖された5月8日の10日後の5月18日、彼は佐沼高校に通い始める。
彼は自分にとっての避難所生活の意味を、次のような詩的な表現で言い表している。

「皆さん、これからがスタートって言われる方が多いと思うんですけど、個人的には避難所で2か月間凝縮されたものがあって、それが1つのゴールだと思ってるんですよ。で、それが次へとつながる段階なので、始まりではなかったと思います。これからの皆さんの生活とか、たとえば商業の再開とかいろいろあるじゃないですか。それをつくるためのゴールだったのかなって。そこからまた始まっていくための。ゴールとスタートとが重なってる感じ。

集大成というか。そっから水滴が垂れていくというか。また広がっていく、でもそれは決して壊れることがないものみたいな。ジュースのCMとかで、水滴が1つだけ果実のような形で落ちてるような、CGじゃないですけどパッケージがあるじゃないですか。こうがっちりしたものがあって。それが避難所じゃないですか、そこからぽとぽとと降りていくのがみんなの始まりでもあって。がつっとしたもので、できあがって壊れないような」

大きな水の塊から、ポタポタ落ちる水滴のイメージ。塊が避難所生活であり、水滴が1人ひとりの生きていく道である。ソウタくんにとっては、15歳の時に経験した避難所生活は、1つの永遠のまとまりを持った完結した世界であるようだ。おそらくそれは、大人になった彼が、今後何度も何度も帰っていく心の故郷のような場所なのだろう。

3月25日は、「南三陸町津波災害対策本部長」である町長より、津波被害にともなう集団避難説明会についての通知が出された。また、28日の志津川小学校の卒業式にあわせた大掃除を前日27日に行うことが自治会で決定された。

この日の避難者総数は542名、最低気温はいまだマイナス2・9度であった。

3/26 雪

関西からすごいボランティアがやってきた！

第16日

志小避難所自治会のメンバーにとって、ボランティアで今1人忘れられない存在がいる。奈良県から単身乗り込んできたノゾミさん（28歳）である。

キャビンアテンダントとしての経験を持つ関西人のノゾミさん。テレビで東日本大震災の映像を見た瞬間、彼女の父親が阪神大震災の時に被災地に物資を届けに行った姿が脳裏に浮かんできた。

母親と相談し、いろいろと調べたところ、SNSの掲示板でボランティア団体が志津川小学校でボランティアを募集していることを知る。ノゾミさんは、幼い男の子を抱えたシングルマザーだったが、さまざまな要因を考慮したうえで応募した。折り返しの電話に対して、以前客室乗務員だった経験から、応急救護や救命技能をマスターしていること、パニックコントロールやサバイバルの方法を学んでいること、そして英会話ができることを伝えた。

「どんな状況であっても、女性や子どもたちや老人は弱者になってしまうと思っていたので。男の人って、じゃあ行くぞってなれば、力仕事でもなんでもできるのですぐに現地に入れるんですが、そういうところでやっぱり女性の力は働きにくい。だからこそ、女性が行くことでできることが必ずあると思ったので……」

受け入れを許可されたノゾミさんは、3月26日、物資を満載した赤い車で高速道路を北上し、志津川小学校にたどりついた。滞在予定期間は2週間。お風呂のない可能性を考えて、途中、千葉県の友人宅でお風呂に入った。

体育館に入ると、「誰だ、このお姉ちゃんは?」という視線が集まってきた。挨拶はしたものの、「なんで女の人が出てくるの」という反応が第一印象だった。しかし、「薪割りでもなんでもやりますから、できることは全部言ってください」と自治会メンバーに伝え、ノゾミさんのボランティア生活が始まった。

震災後2週間が経ち、薪を割って、お湯を沸かして、水を汲みに行ってという避難所のルーティンはすでにできあがっていたので、彼女が主に行ったのは物資の仕分け作業だった。

そこで気づいたのは、物資のなかに分別が難しい物があるということだった。おむつとか、ミルクとか、女性の下着である。たとえばおむつには、さまざまなサイズ・種類がある。ミルクもしかり。女性用の生理用品も大量に届いてはいたが、ナプキンにも種類がある。そういったものが全く区別できていない。区別していないから配ることもできない。

というのも、物資の仕分け作業をしているのはほとんどが男性だったからである。ノゾミさんもボランティアははじめての経験だったから、手探りでやるしかない。指示を待っているだけでは、本当に時間が追いつかない。電気がないので日が明けたら動き始めて、夕方4時で活動終了。ソウタくんの場合と同様である。

寝袋を持って来たが、タカチョー会長は「同じ屋根の下で寝なさい。まして女1人では危ないから」と体育館で寝るようにと言ってくれた。

1週間経つと、物資の統括を任されて、ボランティアをまとめたりもした。

南三陸町にボランティアセンターが立ちあがったのは、ノゾミさんが到着してすぐのことであった。そこでノゾミさんは、滞在を2週間から3週間に伸ばし、その間に女性のボランティアを集めてほしいと自治会に頼んだ。

その一方で、避難所のなかにも「自分のことはできるだけ自分たちでやって、自立していきましょう」という機運も生まれていた。そこで、「避難所にいるお母さんたちにも手伝ってもらえるようにしてもいいですか」とタカチョー会長に許可を得たうえで、お母さん方も物資の仕分け作業をする仕組みをつくっていった。

さらに、ノゾミさんが力を入れたのが、「残っている家」へのサポートであった。

無事に残った家に、近所の人とか親戚が寄り集まっているケースが多くあったが、それらの家には物資が満足には届いていなかった。そこで、一軒一軒訪ねていって、世帯人数、年齢、要介護者がいるかどうか、今なにが足りないのか、なにがほしいのかといった事項をすべてメモして、ピンポイントで対応するという作業を他のボランティアたちと共に行った。

これらの目覚ましい活躍で、ノゾミさんは短期間のうちに人びとの信頼を得て、志小避難所になくてはならない1人となった。

ノゾミさんははっきりとモノを言う人である。

「避難所がうまく行った理由は、コミュニティだと思います。町内で結婚してる人も多いから、誰々のおにいちゃんだとか、お姉ちゃんだとか、全部わかっているような、すごいコミュニティなの。

でも、その弊害もあったかもしれない。避難所の物事は男性の『いいだろう』『大丈夫だろう』って基準で決まっていった。たとえば、自治会の誰かが『更衣室はトイレでもいいんじゃない』と思っても、女性の『いいんじゃない』とは違ってたかもしれない。でも、はっきりと言える人もいないの。婆ちゃんたちなんて、本当に言えない。困っているとわかっていても、言われなければこちらは対応できない。避難所生活が長くなると、そういう弱い人の声を拾う人がいた方がいいと思った。私が心がけてたのは、少しでもそういう声を拾うことかな」

ドラム缶のまわりで毎晩火を囲んでいた1人、「マスター」と呼ばれたセイキさんは、ノゾミさんとはじめて会った時のことを覚えている。

「なんか見たことない女の人が来てるなと。ボランティアらしいなと。『夜は内緒なんだけど、お酒もあっから、出てきたら。また明日からがんばってもらうために、夜の息抜きでもどうですか』って声をかけたのが最初ですね。で、その2時間後くらいに来て、なに飲むって言ったら、『とりあえずビール』って言われた（笑）。『こいつはただもんじゃねぇ』と」

またこの日、自治会の渉外担当として、オイゼンさんの正式就任が決まった。かまぼこ製造業を営むオイゼンさんは、3月14日の自治会結成の場にはいなかった。

「そこにいたら、絶対に三役にさせられっからね」

オイゼンさんはタカチョー会長よりも1つ年下、地元商工会の役員の経験もあり、ユーモアあふれる語り口がとても魅力的な人である。自治会での役職名は「渉外担当」となっているが、オイゼンさんは自らのことを「外務大臣」と呼んだ。

「僕は外務大臣。外から来る人たちを交通整理したり、腕章をつけていない人はなかに入るなとか。テレビ局の人たちも、腕章ありますかとか。それから特に、外国人の方々はどういう目的でいらしたのかとか。ボランティアって言いながら、盗みを働いた人もいたしさ。それとやっぱり、ドラム缶のまわりで火をたきながら、寄れ寄れと。多くの方々や学生さんやボランティアさんが集まって、そこからまた輪が広がったりしてね」

こうしてオイゼンさんが「外務大臣」として渉外担当となったことで、志小避難所自治会のオールスタッフがついに出揃った。

副会長のタダヒコさんは、次のようにまとめる。

「私は事務局長のような感じでしたね。シンタローさんは、環境衛生を中心に、やはり全般。その他に、オイゼンさん。広い交友関係を持つ渉外担当です。車を使えるようになったら、頻繁に外へ出て、工場再建を一生懸命やっておられたんですよね。そのついでに、（となりの）登米市の方々からいろんなご支援をいただいたり。

それと、施設担当のリーダーに塗装業のヤスノリさん。施設の担当に工務店経営のシンジさんだったり、機械に詳しいユウイチさんだったり。

物資管理担当がコウイチさんですね。あとは、ボランティアさんが来るようになって、とりまとめをしてた方がいましたね。

それとノゾミさん。それと医療班は、ササハラ先生を中心に、看護師さん・病院関係者の方々。

あと事務局がありまして。避難者情報の把握と管理、インフォメーション機能を担っていました。主に役場や保育所の女性の方に事務局をやってもらいましたね。とりまとめ役は役場のマイさん。

配給は、お菓子屋さんの社長のタケカズさんと町役場職員のリョウコさんが中心となってね。食事の配給とか段取りをなさってました。全員に平等にいきわたるように苦労されていたと思います。それで、班ごとに食事や日用品などを配給したんですね」

タダヒコさんは、毎日の定例会議の様子を、次のように語った。

「その日の情報共有が目的です。

メンバーは、自治会長、副会長2名、サトウ避難所所長、渉外担当のオイゼンさん、設備のヤスノリさん、あとは物資のコウイチさん、配給のタケカズさん、リョウコさんにも入ってもらって。その他に、医療チームから婦長さん、あとは自衛隊、ボランティア。学校では、校長先生かヤマウチ教頭であったり。

事務局の、本日の避難者は体育館に何名、校舎の方に何名、合計何名ですっていう報告からミーティングが始まります。今日は、どこどこからのご支援の炊き出しがありますとか、何時にどこからの物資の搬入がありますので、お手伝いをお願いしますとか。あとは、道路の復旧情報とか、ライフラインはいつ頃復旧しそうだとか。

時間は30分だったり1時間に及んだりしましたね。そのあと班長さんに集まってもらい、会議で決めたことや情報を示して、自分の班内に伝えてもらいました。当初はこれを、午前と午後の2回行っていましたね。

毎日毎日ね、いろんな経験したことないようなことが起きるんですけど、その都度対処して乗り越えてきました。今日はなにもないねっていう日は全くなかったです。本当に朝から晩まで、いろんなことがありましたね」

この日の午前10時から、南三陸町の集団避難住民説明会が実施された。仮設住宅の建設を前に、近隣の市町村の施設やホテルなどの宿泊施設が二次避難先として紹介された。二次避難は、コミュニティ単位で4月1日をめどに実施されることとなった。多くの避難者から、電気、水道のある場所への移動希望が出た。仮設住宅については50～100戸規模になる見込みだが、その建設には9月頃まで時間がかかることも周知された。

3/27 晴

さあ、大掃除！

第17日

志小避難所が避難所として「乗り越えるべき出来事」の1つが、この小学校の卒業式のための「大掃除」であった。

体育館の掃除をリードしていたのが、衛生担当のシンタロー副会長である。

シンタローさんは、ひと班から1人ずつ出てもらって、毎朝ローテーション方式で避難所を掃除する仕組みをつくっていた。特に、感染症などの予防のために力を入れたのがトイレの掃除だった。

そして、卒業式前日のこの日、懸案の大掃除の日がやってきた。シンタローさんのノートには、大掃除に向けて細かな仕事内容が列挙されている。

フロア内の掃き、拭き掃除。必要な荷物を残し、荷札をつくり、器具庫へ。

2階ギャラリー掃き掃除、ガラス破片回収、ステージ上掃き、拭き掃除。

授与段、ピアノ準備、ストーブ、ヒーター移動、平均台移動。パイプ椅子をしまう、掲示板作成、ステージ上片付け、吸いがら拾い。玄関掃除、出入り口外片付け、スリッパ用意？

細目まで整理して、ここまで綿密な計画を立てたのは、もちろん卒業する6年生を気持ちよく送りだしたいという思いがあったからだが、同時に避難者の自治会に対する信任が試されるイベントでもあったからだ。シンタローさんは、「自分の指示で皆さん動いてくれるのか」と、不安になって前日はほとんど眠れなかった。ところが、いざふたを開けてみると、計画では夕方まで予定されていた大掃除が、避難者の協力によって午前中で完了する。

誰が合図するわけでもなく、多くの避難者が大掃除開始前には荷物を整理し、「いつでも指示をくれ」といった態勢をつくってくれたからだ。避難者は体育館を隅々まで掃除し、荷物を片付け、子どもたちのために晴れ舞台を用意した。

シンタローさんは、感慨を持ってその時のことを振り返る。

写真22　卒業式直前の様子
（奥は児童入場を待つ避難者）　©佐藤信一

「17日の午前10時から始めますと。正直大仕事だし、日が暮れるまでに終わるかなってちょっと覚悟してたんですね。そしたら、朝ごはんを食べると、皆さん勝手に荷物を片付け始めたんです。予定の時間より全然早いんですけど、皆腕まくりして、配られたゴム手袋して、まだかってこっちを見てるんです。皆もう準備万端だったので、じゃあやりましょうって。

僕はステージ上で見てただけです。ただ皆が自分で『ほうきでこっちも掃いて』とか、『この荷物重いから誰か手を貸して』とか、『おばあちゃん、せーので行くぞ』とか、こちらがなにも言わなくても声を出して。大人も子どもも、男も女も関係なくて、おじいちゃんも働くし、小学生の子も。僕が全く想定しなかったことをどんどんやってくれて、本当に1時間ぐらいでその掃除が終わったんですよ。なんて言うんですかね、僕は正直泣きながら見ていたんです。

美しかったというんですかね。ほんと、この町の人って、そういうことができる人たちなんだっていうことを、僕にすごく信じさせてくれた光景だったんですよ。自治会やってよかったたって思いもあるし、それを見せてくれた皆さんに恩返しがしたくて、今議員をやっているというのがあって。きれいすぎる話な気もするんですけど、その出来事はちょっと誇りに思うっていうか、誰かに言いたいなって思いはあるんですよ。僕だけ一切なにもしていないんですよ、ステージの上で声出してただけなんで」

自治会で施設を担当していたシンジさんも、同様だった。

「お年寄りが結構多かったんですけど。卒業式やるよって話をしたら、みんなの荷物がけっこういっぱいあったんですけど、きれいに片付いたっていうかね。パッパパッパ、お互い1人ひとりが、子どもたちのために動いたってのは、すごいなって。文句も言わずにね。やっぱり自治会の統率力って言ったら変かもしれませんが、そういうのがあったかなって」

お年寄りたちをはじめとする避難所の全員が、号令がかかる前に動き出したというのは、自治会のメンバーが自分たち避難者のために毎日立ち働いている姿を目のあたりにしていたからこそ、避難者全員が「やる時はやる」という気持ちになれたということだろう。ましてや、この日の大掃除には、「子どもたちのために」「卒業式という晴れ舞台を準備する」という大事な目標があった。

500人もの老若男女が、見事なチームワークで卒業式の準備を進める場面を壇上から、涙しながら見つめていたシンタローさん。

「忘れられない1日」となった。

3/28 晴

特別な卒業式

第18日

3月28日、志津川小学校の卒業式が挙行された。

本当は、東日本大震災の翌日に予定されていた、6年生の晴れ舞台。卒業生は総勢85名だった。

その会場レイアウトとしつらえは、普段の卒業式とは全く異なっていた。

ステージの最前列に卒業生の席、その次に保護者の席、そして体育館後方壁際に大量の荷物や物資、そしてその前に「避難者のためのスペース」が用意された。

卒業式は一種「異様な雰囲気」のなかでとり行われた。着飾った人が誰1人いない、全員が普段着のままの卒業式だった。

カメラマンのシンイチさん自身も作業服で出席していた。

「着飾った格好なんてしていけば、なんだこいつって思われる(笑)。そういう状況だったからね」

ステージには、「おめでとう」という大きな文字が吊り下げられていた。

震災直前、学校側はすでにこの「おめでとう」の文字を用意していた。「卒業式の会場」が急遽「避難所」に変身してからも、「おめでとう」の5文字は誰も外すことなく、そのままステージに飾られていた。そして今日、その5つの文字と大勢の人に見守られるなか、「避難所」はようやく「卒業式の会場」に戻った。

シンイチさんはＰＴＡ会長として、その卒業式で6年生に向けて祝辞を述べた。「でもあれは、祝辞っていうようなもんではなかったかもしれないね」

就任3年目だったシンイチさんは、歴代のどのＰＴＡ会長よりも、子どもたちの普段の様子をよく知っていた。なぜなら、彼は町の写真屋さんとして、学校の行事に参加して子どもたちを身近に見る機会が多かったからである。

写真23　志津川小学校卒業式　©佐藤信一

資料2　卒業式の配置図（シンタローさんの記録ノートより）

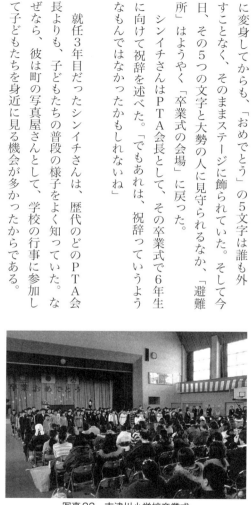

「たとえば、心を1つにした学芸会。オレの場合は、その練習風景も見ているし。6年生なんかは、修学旅行にも一緒に行っているから、どんな感じでどんな環境のなかだったたっていうのも、わかってるしね」

PTA会長になって、これまで2回の卒業式ではそうした行事での様子や思い出を主にしゃべった。しかし、今回は

「若干はふれましたけど、あとはけっこう難しいことを言った気がしますね」

「うーん、子どもたちはなんて言うんだろう。まあ、まだ12歳の子どもだしね。そんなに感情がどうのといったことはなかった。逆に、親御さんとか先生たちは号泣してましたね」

6年生を卒業させた担任の先生は振り返る。

写真24　卒業する子どもたちを見守る保護者と避難者

©佐藤信一

「なんつうかねえ、劇的っていうとあれですけど、ふつうではありえない卒業式だったですね。あたたかみがあって、特別の空間だったかなあって思いますよね」

ただ、この卒業式は、一部の子どもたちにとってはつらい場でもあった。震災後、友だちにはじめて会うという子どもたちもいた。そのなかには、ようやく卒業式で会えたのはいいけれど、すぐに「さよなら」しなければならない子どももいた。保護者とともに他の市町村に引っ越していくため、「ひょっとすると一生の別れになるかもしれない」という場合もあったのである。

いろいろな意味で、この日の卒業式は「特別なもの」となった。

避難所の炊事班は、子どもたちのために救援物資の缶詰のフルーツを使って、ささやかながらフルーツポンチを用意していた。

また、志津川ではお祝いの時に「あんこもち」を食べる慣習があった。

限られた物資のなかではあったが、沖縄の自衛隊は、卒業生とその家族のために餅をつき、特製の「おしる

写真25　卒業式　自衛隊による特別メニュー
©佐藤信一

こ」を振る舞った。多くの人の心に残る、粋な計らいであった。

志津川の未来を託された子どもたち。その門出を、志小避難所は全員で祝った。それぞれの思いと今できることを結集した「特別な卒業式」だった。


この日、志小避難所の避難者が５００人を切った。

また、ベイサイドアリーナにある町役場の仮庁舎で窓口業務がようやく再開された。

また、２日前に開催された集団避難の説明会をふまえて、二次避難の希望調査の結果が集約されつつあった。集団避難を希望する家庭は51世帯１３３名、希望しない家庭は57世帯１４３名。微妙なバランスである。「二次避難先では一切の面倒を見る」という方針が発表されていたが、どのように決断すればよいか、迷う人が多かった。避難者の心はゆれた。

自治会役員のなかでも、「体育館にいつまでいられるのか」「役員は二次避難先などに移動していいのか」等々について、意見交換が行われた。

3/29 避難所の日常

第19日

この日、志津川の町の被害状況がはじめて明らかになった。死者344名。行方不明者800名。避難者数9500名。避難所数45か所。市街地に残る流出物について、位牌やアルバムは保管するが、敷地内ではない場所から出たそれ以外のものは、本人の承諾なしに撤去されることが周知された。

卒業式という1つの山を越え、志小避難所の暮らしもある意味安定したものとなりつつあった。志小避難所は「まとまりのある」避難所だったという避難者の声が多い。

「一つ屋根の下、というのがあったと思います。そして、そこで行われるラジオ体操とか、一斉清掃とかが、避難所のまとまりのために1つの要素となっていたと思うんですよ」と、ある避難者は懐かしそうに振り返る。

また、志小避難所にはお年寄りの姿が目立った。お年寄りは、ストーブのまわりが定位置だった。

「誰かとお話しないと落ち着かない。夜になると、ストーブにみんな集まるわけ。親戚の人がまだ見つからないのか、自分の悩みとか気持ちとかをおしゃべりするわけね。明日はどこを探しに行くとかね」

また、年配の人たちには、トイレの不自由もあった。

「トイレは洋式がたった1つしかないのよ。あとは和式なのね。私たちあんまり座れないから、洋式の方がいいので、お友だち3人で、夜にプールのトイレに行くわけ。そして一緒に入ってね。お互いに『出たの〜？』『まだ〜？』って声かけて、誰かが『出た』っていうと、喜ぶの。みんなで」

写真26　朝のラジオ体操　©佐藤信一

小学校低学年の孫とともに、校舎の方で避難生活を送ったお年寄りもいた。

「こっちはね、水汲みが専門だったねえ。とにかく男の人たちは水汲み、朝起きると。子どもたちは、昼間は野球して遊んで、夜はトランプ。電気のないところでね。ろうそくの下でやったのは覚えてるね。トランプというのはいいなあと思ったねえ。みんな1つになってね。どこからか差し入れされるものでも、教室の人全部にいきわたるようにして。すばらしいことだねえ。隠して食べるなんてことはなく、みんな協力して」

同じく教室に避難していた炊事班のヒロアキさんは、避難所生活を振り返って次のように言う。

「なんにもないというのが、みんな、全員なんでね。とにかく楽しい生活でしたね。1つの大家族のようなものでしたね。子どもたちは野球やったり、おもちゃルームなんかできたりして。そこで一生懸命、羽根伸ばして、遊んでましたね。かえってよい日常を送ってたんじゃないですかねえ。自衛隊の方がよく子どもたちの相手をしてくれましたね。

友だちとのコミュニケーションが普段よりよくとれるようになったし。上から下まで一緒にいるので。昔はふつうにあった、高学年と低学年が一緒に遊ぶ場面がずいぶんありましたから。本当によい経験をしたんじゃないですかね。子どもたちは。あと、星空が非常にきれいでしたね、夜。町の電気とかがすっかりないので、鮮明に星が見えました」

「入谷のおにぎり」と「グレーチングのサンマ」でスタートした避難所の食事であるが、自衛隊の「1日2回のごはんと汁物」が加わったあと、さらに全国各地からの「炊き出し部隊」がそれに続いた。

「今日はトン汁が来ますよとか、ラーメン屋さんが来ますよとか。ああいう時は、食べることが楽しみなんですよね。東京の一流レストランの方が見えて、カレーとかスープとか、ステーキなんかもあったのかな。とにかく支援の方々がたくさん来てくださってね。いっぱい人がいた感じでした」

4月1日からベイサイドアリーナに「勤務」することになった衛生担当のリョウコさんは、このように当時を懐かしそうに振り返ってくれた。物資担当リーダーのタケカズさんも言う。

「一番足りなかったのは野菜。炭水化物だけはいっぱいね。パンね、カステラね。炊き出しに来てくれて提供されるのがラーメンとかカレーとかが多いんですよ。そういうのがくると、うれしくて食べるじゃないですか。おかげで、震災後10キロ太ってしまったのね」

一方で、よいことばかりではなかった。

ある男性は、日が経つにつれ、自由がない生活にフラストレーションが昂じていったという。

「避難所はすごい団体生活だから、何百人いるなかで、見たくない人もいるわけですよ。家では自由に1人で好きなことをしてきたけど、今度はなくなるわけだよ。どこに行っても人だらけで。なにするんでも。それで病んでしまって、ノイローゼになっちまってね」

この男性は、山のなかに入ったり、友だちの車を借りてドライブに行ったりして、なんとか心の平衡を保とうとしたという。その後彼は、二次避難先であるホテルに移っていったが、「やっぱり避難所も、今思うと小学校が一番よかったかなあ」と語る。

この日、二次避難希望者の最終とりまとめがなされた。68世帯188人が二次避難を希望。他方、希望しない家庭が88世帯226人。

登米市PTA連合会からは、新入生たちのためのランドセルが届いた。ただし、志津川小学校全体で70名以上が転校手続きを行っていた。

3/30 晴

あおぞら教室、スタート

第20日

6年生を卒業式で送りだすのにあわせて、志津川小学校の教師たちは、在校生のための「あおぞら教室」づくりに着手した。

小学校の校舎本体で授業を再開することはまだまだできない。しかし、各避難所をはじめとする、町内のいくつもの場所で「教室」を開いて、子どもたちの学習を少しでも進めようというのである。

「子どもたち同士一緒に学んだり、遊んだりすることが大切だし、先生が来てくれるというのはなによりもうれしいことだろう」と。

タダヒコ副会長のノートには、「あおぞら教室30日、31日10~11時」と書かれている。

あおぞら教室が開かれる場所は、さまざまであった。

たとえば、志津川高校近くに居住・避難している子どもたちが高校の教室に「通学」して志津川小学校の教師が授業をしたりとか、志津川小学校の子どもたちが入谷地区の施設に「登校」して勉強したりとかという具合である。
指導するのは志津川小学校の先生たち。いわば「出前授業」である。

「やっぱり子どもたちは、勉強するっていうよりは、友だちと再会できるっていう喜びが大きかったんだと思う。先生方は、厳しい状況のなかでも少しずつよい環境になっているんだという実感を、子どもたちに持たせたかったんだよね」

と、PTA会長のシンイチさんは言う。ヤマウチ教頭はこう言う。

「こっちはとにかく、子どもたちのところに出向いて、これがオレらの本分だと。教師として、子どもたちに勉強を教えたいっていう先生方の熱意。私たち職員も避難所の方を手伝いたいのはやまやまだけど、それ以上に、子どもたちに勉強教えさせてくれっていう熱望を受けまして。とにかく担任の先生方は、日中は外をまわってくれと。避難所の方は、我々学級担任以外の者がやるからと」

次の言葉は、ある担任の先生のものである。

「誰がいい始めたのかなあ。今振り返ると、やっぱり職業病ですよね。我々はこれをするべきだと。子どもたちの勉強する習慣なり、生活習慣が壊れていくのは耐えられないよねっていうことで。

地域の方々からも、子どもたちが勉強してたり、遊んだりする様子を見ると安心するとか。相乗効果みたいなものもあって、1人でいる子どもたちが集まった方がよく遊べるということで。集まる理由がいくつかあったことは確かですね。我々はプリントを持っていってばらまいて、1~2時間一緒にやって。声かけて様子を聞いたり、心配事を聞いたり、そういうケアもしながらですね。

実は、こちら教師の側も安心するんですよね。子どもに関わる仕事をやると。女性の先生とか、ちょっとメンタル面での不安を抱えていた先生たちは、子どもと一緒にいると仕事に集中できるので、落ち着けるっていう」

子どもたちのための「あおぞら教室」は、実は大人たち（教師）のためでもあった。被災した当初、学校には30人以上の教職員がいた。しかし、今学校に残っているのは男性職員とか、家が流されて行く場所がない職員で、教頭先生を含む10人前後だった。

志津川小学校の教師にとってなによりの願いは、とにかく学校を再開させることであり、それに向けての着実なステップを踏むことであった。

第21日

3/31 晴

体育館が生き物に見えた

3月最後の日。志小避難所の避難者数は490名となっていた。

市街地では電柱が建てられ、復旧が目に見える形で進んでいた。一部不通となっていた仙台市と南三陸町を結ぶ高速道路・三陸道も、この日全面開通した。

この頃ノロウィルスの流行が心配され始めていた。ノロウィルスは、アルコールでは死滅しないので、暫定的に塩素系漂白剤を使って除菌し、トイレ掃除はマスク・手袋を着用することが確認された。

4月1日付の辞令で、町職員のタダヨシさんが入谷公民館の館長となることが決まった。タダヨシさんは、行政の立場で一生懸命立ち働いた志小避難所から急遽離れることになった。タダヨシさんは、当時を次のように振り返る。

「私の感覚では、想定外のとてつもない事件だったので、震災前のことって生まれる前の出来事みたいなんですよ。それで現世は震災から。そんな感覚ですよ。やっぱり犠牲になった先輩や仲間がいっぱいいたので、その人たちの話になって。

この間も昔の仲間といろいろ話をしてたんですけど、当時の思いっていうか、みんなで泣いちゃったんですよ。私なんかも携帯、亡くなった人をそのまま登録してますよ。消せないですよね。なんか一緒にやってるっていう感覚は持ってるんですよ」

「避難所の体育館で、700人とか800人とかいるなかで、夜中シーンって寒いなか、寝られないから起きてると、考えることもないから客観的に見ていると、こうやって人類っていうのは幾たびかの震災を乗り越えてやってきたんだなって。本当に1つの家族のように見えましたね。あるいは、1つの生命体、細胞にも見えるところもあったので。

もともと商工人も里山も、共同でやる習慣があったから、避難所生活のいろんなことがスムーズにいったんだと思う。何億年前から続いているなかで育まれた遺伝子的な本能のようなものもあるかもしれないって感じました。原始時代はたぶん、毎日が避難所生活じゃないかなって。雨とか台風とか来たら、洞窟探して、火を起こしたり、飢えをしのいだり、災害から身を守ってきたんだと思うんですよ。この先どうなるんだっていうよりも、家族の安否も大事ですけど、ここにいる人たちの生命や組織を優先する考えが出るんですよ」

1人の人間の命にはおのずと限界がある。しかし、1人の人間の命と存在は、人類として、過去から未来へ綿々とつながっていく。タダヨシさんはその真実を、真夜中の避難所で感得したのだろう。

4/1 晴

町の人事異動

第22日

4月1日。暦では2011年度のはじまり。

この日、南三陸町の町職員の人事異動が発表された。

この震災で、南三陸町は多くの町職員そして行政関連の人たちが亡くなり、または行方不明になっていた。その状況下で、この未曽有の緊急事態に対して、行政機関としては一刻も早く本部機能を正常に稼働させ、復旧・復興に向けた動き出しを迫られていた。この人事異動は、そのための本部機能の手当や空席になったポストの補充を優先し、行政組織を立て直すものだった。

しかし一方で、このタイミングでの人事異動は、現場への影響が大きかった。

なぜなら、現実には多くの町職員はそれぞれ避難先の最前線で避難者のために活動を続けていたからである。タダヨシさんも、本日付で志小避難所を離れることになった。

志小避難所では、年度が替わり転出者も増えてきたので、再度転出者のチェックを行うことになった。

町役場では罹災証明・被災証明の申請が始まり、避難者は、避難所生活以降のそれぞれの生活の段取りを行う時期になっていく。

学校側からは、5月の連休明けに学校を再開したいという方針が自治会に報告された。早期に学校を再開しなければ、子育て世代の転出者の増加が予想されたからである。

そこで、南三陸町内の被災した学校のうち、高台にあったため津波被災を免れた、志津川小学校、志津川中学校他2校は、避難所としての機能を維持しながら学校再開を本格的に目指すことになった。

また、津波被害が大きい沿岸部の小・中学校は、町内外の他の学校に「一時避難」し、校舎を「間借り」して授業再開を目指すことになった。

第23日

4/2 晴

「東日本大震災」に決定

4月2日、統一されていなかった震災の呼称が「東日本大震災」となったことが知らされた。

3日に予定されている二次避難の第一陣25名が出発することとなり、荷物の整理に追われていた。避難先に持ち込める荷物が限られていることもあり、世帯ごとに段ボール箱に最小限の荷物を詰めた。

今後、志小避難所での生活者数も減少傾向にあるため、現在校舎で避難生活をしている人たちに対して、2週間後の4月16日をめどに体育館に移動するお願いの説明会が行われることになった。

避難して1か月。どんな厳しい環境であっても、暮らし慣れた場所からの移動には困惑する。自治会ではできるだけ慎重に、校舎側から体育館への移動をお願いすることを決めた。

生活への慣れという点では、トイレ用に汲み上げたプールの水で顔を洗うなど、衛生面での油断が見られることが自治会で報告された。事実、冬から春に向けて気温が高くなり、プールにボウフラがわき、水質悪化が進んでいった。

近隣の志津川高校避難所においては、はじめてノロウィルスが発生した。

写真27　志津川市街地　©志小避難所自治会

4/3 晴

シンタロー副会長、ノロに倒れる

第24日

ノロウィルスとは、ウィキペディアによれば「非細菌性急性胃腸炎を引き起こすウィルスの一属。感染者の糞便や吐瀉物《としゃぶつ》、あるいはそれらが乾燥したものから出る塵埃《じんあい》を介して経口感染する他、河川を経由して蓄積された貝類の摂食による食中毒の原因になる場合もある」とされる。症状には個人差はあるが、主な症状は、おう吐・下痢・発熱で、これらの症状は通常、2日程度で治癒し、後遺症が残ることもないとされている。

この4月3日、副会長のシンタローさんが、ノロウィルスに感染した。志小避難所初のノロ感染者である。毎日のトイレ掃除の先頭を切っていたシンタローさん自らが、ノロの第一の「犠牲者」となった。「名誉の負傷」とでも言えようか。

その日、シンタローさんは1日休みをとって、弟の家に泊まり、朝起きようと思った時に、猛烈な腹痛が襲ってきた。すでに携帯電話が通じていたので、タダヒコ副会長に「やばいです」と伝えたところ、「じゃあ、医療チームを派遣するから」ということになった。早速医療ボランティア2人が来て「これはノロウィルスですね」と診断され、「もともとノロに対する薬はないので、がんばっていっぱい吐いてください」というアドバイスと同時にそのまま「隔離」されることになった。

そもそもシンタローさんを中心とする衛生班では、医療チームと連携をとりながら、感染症予防のために努力を重ねていた。その成果として、志小避難所でインフルエンザが流行することは幸いなかった。

ノロウィルスについても、

「ノロウィルスはアルコールでは死滅しない。塩素系漂白剤を使う。拭き取り、吹き付け。トイレ掃除はマスク・手袋を着用する」（3月31日　タダヒコ副会長のノート）と書かれていて、それなりの対応をとっていたことがわかる。

にもかかわらず、シンタローさんが感染してしまった。ノロウィルスの潜伏期間は1〜2日間と短い。感染ルートを特定することは難しかった。

いずれにしても、大騒ぎになったのは避難所の方である。

早速、対応策が検討された。最大の原因は、手洗いができないことである。また食器の使い回しも問題となった。

早速、具体的な5つの対策が実行された。

①トイレの動線を変更した。

②トイレの手洗い場に消毒液を置き、手洗いのあと、さらに消毒をしてティッシュで拭き取り、ゴミ箱に捨てることとした。

③掃除の際にはゴム手袋を利用する。また、症状がある人や関係者は配膳に携わらないことにした。

④次亜塩素ソーダ、いわゆる塩素を希釈し、床を拭き、トイレ掃除を徹底した。AMDAという国際医療チームから派遣されていた医師が直接指導にあたった。

⑤医療チームのササハラ先生をリーダーとして、おう吐した人の情報を収集し、おう吐があった場合、その場所を手袋とマスクをかけて次亜塩素酸で拭き取り、数時間近寄らせないようにした。

その日のうちに、感染者あるいは感染の疑いが高い者が4名出てきたため、校舎の一室を隔離病棟とし、そのうえで、医療チームから避難者に対して、外出後体育館に入る際の消毒の徹底など、ノロ対応の説明が行われた。対応は迅速だった。しかしながら、これだけの対応をとっても、ノロウィルス感染者の数はじりじりと増加していった。

4/4 晴

食器の使い回し禁止

第25日

昨日に引き続き、ノロ対策として、使い捨て食事容器、使い捨て手袋、ゴミ袋90リットル分などが用意され、食器類の使い回しが禁止された。自衛隊の給水車をトイレ脇に置き、手洗いの徹底が周知された。また、ノロ感染者用の仮設トイレがバックネット裏に設置された。

この日の避難者数は、全体で441人。そのうちスタッフ・教員等を除いた地域住民は351人。4月3日、大崎市鳴子温泉への集団避難が実施されたことによる減少が大きい。今後、こうした傾向が続いていく。

4/5 晴

ノロ感染 ピークに

第26日

ノロウィルス感染による隔離患者は、この日最大の14名となった。

また、校舎に避難中の小学生のなかにも感染の疑いのある者が出てきた。校舎から体育館への移動を控えるよう指示が出される。ただ、種々の対策が功を奏し、これ以降患者数は徐々に減少して、4月10日頃には終息の兆しを見せ始める。

いまだ電気・ガス・水道のない生活が続いている、志小避難所。この日、そのライフラインの復旧に関する情報が届けられた。

電気は、4月20日頃には復旧通電する見通しとなった。あと2週間。ガスは、南三陸町の一般家庭ではプロパンガスを使用しており、各地の支援により順次復旧が始まっていた。水道は、水質調査中で、復旧には相当時間がかかる見通し。そのため、まだまだペットボトルや自衛隊からの給水によってしのぐ必要があった。

4/6 晴

避難所に臨時郵便ポストオープン

第27日

この日、志小避難所のサトウ所長がベイサイドアリーナに異動することとなり、避難所に残る町職員は保育士など女性だけとなった。

また、避難所内に臨時郵便ポストが開設された。以降は、事務局脇のボックスに郵便物が留め置かれることとなった。

町の教育委員会から、5月9日に学校再開を目指すことが通知される。

そのため、学校側から、学校再開に向けての準備期間が必要であるという希望が出たため、校舎の避難者を体育館で受け入れることが決定された。

自治会では4月26日までに学校の教室から避難者が退出し、体育館に移る方針を定めた。それにあわせて体育館のシートを取り除いて大掃除をする。そうすることで生活をリセットし、校舎から移動してくる避難者を受け入れることにした。

ノロウィルスの予防についても徹底が図られた。

食器を使い捨てにすること。手洗いにも自衛隊から提供される安全な水だけを使用すること。ノロウィルス発症者は食事係に関わらないなどである。

4/7 晴

児童数の減少

第28日

避難者数は、３５７人となった。うち町民は２１０人。数日のうちに大幅な減少である。タダヒコ副会長は当時の様子を次のように振り返る。

「二次避難でバスが迎えにきて、見送りをするんですけど、確実に人は減っていきますんでね。泣いておられましたよ、皆さん。別れに。送る人も行く人も」

この日は、志津川地区の仮設住宅建設の方針が発表されている。仮設住宅は、志津川小学校に50戸、志津川中学校に70戸、志津川高校50戸など、全体で３９９戸が建設されることになった。

新入生を迎える志津川小学校の児童数も明らかとなった。

前年度の４５７人に対して、新年度は２９６人。実に１６０人近い生徒が減少し前年度の約３

分の2になった。卒業生と新入生の増減を勘案しても、ほぼ3分の1の子どもたちとその家族が、町外あるいは校区外に転出していったことになる。

子どもたちは「一時的に町外に避難」しているのか、それとも完全に生活拠点を移したのか。児童数の減少は、将来の町の担い手の減少を意味する。学校教職員だけでなく、自治会、避難者も一致団結して早期の学校再開に協力することを再確認した。

4/8 曇

最大の余震

夜中（7日23時32分頃）に震災後最大の余震が起きた。体育館の窓ガラスや水銀灯が落下、外壁にも新しいひび割れができるほどの大きなゆれだった。校舎では時計やパソコン、プリンターが落下するなどの被害があった。幸運にもけが人は出なかったが、避難者そして自治会メンバーは緊張のまま朝を迎えることになった。

この日の最低気温は6度、最高気温は17・6度。これまでは最低気温が0度前後の日が続いており、ようやく春の兆しを感じられる1日となった。

仮設住宅の一部の着工が、4月13日にスタートすることになり、志津川小学校の仮設住宅の建設もその日から着手されることに決まった。

南三陸町と姉妹都市提携を結んでいる山形県酒田市からは、発災後いち早く物資が届けられてきたが、この日は20リットル入りの次亜塩素酸が6個送られてきた。ノロ対策のためである。

第29日

第30日

4/9 雨

ドラム缶を囲んで

志小避難所も、この日で震災後30日目を迎えた。

これまで何度か登場してきた体育館入り口付近の「ドラム缶」。志小避難所開設1か月を前に、そのドラム缶について、それを囲む人たちの語りを中心に振り返ってみる。

「ドラム缶の会」のメンバーは、ほぼ志小避難所の自治会メンバーと重なる。その命名者は、中心メンバーの1人、「外務大臣」のオイゼンさんだ。

「ドラム缶は初日からですね。火をたいて、寝ずの番をしてくれた若い衆がいたんですよ。消防団のセイキとか、今看板屋をやってるヤスノリとか、大工のシンジくんとか、あと漁業をやってる『船長さん』とか。そういう方がやってくれて、だんだんとそれが話し合いになって。

ある時登米市の知り合いの酒屋さんがどさっとお酒を置いていってくれてね。体育館のなかで酒盛りしたら、そりゃひんしゅくだけど、外でやって、気晴らししたり、今後のことを話したりするのは、なにも悪いことじゃねえんじゃねえかと始まって」

だいたい固定メンバーは10人程度だったというが、時にオイゼンさんがボランティアの人たちに声をかけて連れてきたりとか、避難している人がたまに立ち寄ったりとか、メンバーは自由だった。タダヒコ副会長は言う。

「会長は飲まなかったかもしれないけど、私は最初から(笑)。知らない人とかも酒とかタバコとか持ってきてくれて、いや助かりますって。

結局、夜警をするじゃないですか。寒いなか、ただ立たせておくのはちょっとなと。また夜中に灯油の給油をしてくれるので、やっぱ大変だから飲みながらでいいんじゃないのって。

まあ、なんでもかんでも話しましたね。たとえば、酒飲んで、あそこ、もうちょっとこうした方がいいんじゃないのっていう話もできるようになるんですね。そうすると、やっぱりよりよいことにはなるので。ほんとに、大きな情報交換の場でしたよね」

タカチョー会長は、「安定期」以降のドラム缶の役割について、こう語る。

「寝泊まりは体育館でしたんだけども、そこから仕事とかなにかで外に出てって、そして体育館に戻って寝るっていうふうな人がぽつぽつ増えてきたんですよ。そうすると、たとえば登米市の方はこういう状況だったとか、あるいは外の人たちはこの町の人たちの状況をこういうふうに見ているとか、情報交換の場にもなりましたね。

4月に入った時点で、私自身もなんとかしないといけないと考えたので、仙台まで行ったりなんかして、いろいろ手配するわけですよね。補助金がどうなるとか、借入金がどういうふうに決済されるとか、そういうシビアな話もしましたよね。

あとバカ話をしたりね。結構ボランティアの人たちが来たり、こっちも余裕が出てきたから、ほろ酔いになりながら、どっから来たのとかという話になったり。憩いの場ですね。燃やす木材は、下に降りていけばいっぱいありますし。自分自身でもリフレッシュしてね。ああいったところでの生活が長いとストレスになってくるんでね」

シンタロー副会長は、ドラム缶の役割について、興味深い話をしてくれた。

「ドラム缶のまわりは、難しいことを考えなくてすむ場所だったように記憶してるんですよね。あそこのトラブルがあったとか、こういうことをやんなきゃいけないとか言っても、日が暮れちゃうとどうしようもないんですよね。物理的に。なので、自動的に考えなくてすむ。そうすると、日常的にはなかなか言えないこと、たとえば、『シンタローくんは東北大に行ってたんだ』とか、身の上話が始まったりとか。ボランティアさんにはプライベートな話は聞けないことになってるんですが、あそこでは聞けるので。そういうことがあると、自然に仲間意識というか、きずなというか、つくりやすくなると思いますね。

あれくらい腹を割って話すタイミングが日中はないんですよね。ほとんど。あそこは、お疲れさんという感じで、『まああたってけよ』という感じにしてくれたので。お酒が入ると、その場が得意な人もいて、そこの能力に特化している人もいて、盛り上げてくれるというか。火を見ると、キャンプファイアーじゃないですけど、それと星空しかないので、いろんなことを話したような気がしますね」

誰にとっても、避難所暮らしは緊張の連続だった。さらに、集団生活のなかでは、気の休まる時を持つことも難しかったに違いない。ドラム缶の火のまわりでは、肩の力を抜いて素になって、ゆったりと周囲の人と関わることができた。

お酒「マスター」、消防団のセイキさんは、「火を見ながらだと、相手の目を見て話さなくてよいので話しやすい」という。ボランティアのノゾミさんは、次のように表現する。

「あのドラム缶の火を見ていたら、落ち着くんですよね。ぼーっと見ているだけで落ち着く。すごくいい顔してたよ、みんな。日中ばたばたとすべてに追われている感じが

写真28　寒い夜、ドラム缶を囲んで　©佐藤信一

するけど、ドラム缶を囲っている時って、みんなすんごいやわらかい顔してるの」

ただし、自治会のメンバーのなかにも、あまりその輪のなかに入らなかった人もいる。配給担当のタケカズさんである。

「うーん、ただ勝手に酒飲んでたって感じですかね。私は寝るのが早かったんで。ごはん食べて、すぐに車に戻って寝てたんで。彼らは夜遅くまで起きてる。セイキなんかは特にね。昼間作業して、夜は飲んで、眠くなるまでダラダラとしてっていう、それが好きな人が寄ってたんじゃないですか」

3月末で避難所を去った町職員のタダヨシさんは、こう言う。

「酒飲みながらの情報交換っていうのは非常に大事で。昼間の会議とは違ったコミュニケーションができますしね。こんな不満があったとか、あるいはこんな提案があったとか。ただ、避難者のなかには自治会に依存してる人たちもいるわけですよ、やっぱりね。そういった人はなかなか入れなかったでしょうね」

自治会のなかにも、あまり輪に加わらない人もいた。また、自治会以外の人には、若干入りづらい雰囲気があったのかもしれない。しかし、ドラム缶が志小避難所の内と外をつなぐ重要な結節点であったこと、そしてそこで避難所運営上欠かすことのできないコミュニケーションが毎夜図られていたことは事実である。

4/10 晴

最初の1か月

第31日

この日、午前10時からノロ撲滅のための大掃除が行われた。卒業式前の3月27日に続いての体育館の大掃除である。同時に、予定をずいぶん早めて、校舎の避難者に体育館へ移ってもらうことにした。

校舎の避難者を迎え入れたあと、避難所の解散を見据えての班の再編が行われた。これによって、避難者全体が20班程度に再編成されることになった。

また、ボランティア登録に関しても議論があった。学校と自治会が把握していない人も増えてきた。そのため今後は、ボランティアは自治会との面談を必ず行うことになった。

この日、志津川高校近くにある大雄寺で合同葬が開かれた。志小避難所は、こうして最初の1か月間を終えることとなった。

4
収束期

4/11 晴

亡くなった人たちとともに

第32日

3月11日の地震・津波から1か月が経過したこの日、地震発生時刻の午後2時46分に志小避難所全員で亡くなった人びとに黙とうを捧げた。そして、人びとは避難所の作業を済ませると、今後の生活再建のために奔走した。

九死に一生を得、防災対策庁舎から生還した町長や、志小避難所で町職員として活躍したタダヨシさんたちは、「亡くなった人の分まで」という気持ちで復旧・復興にベストを尽くそうとしていた。同じく被災者であった、町職員らは町役場に泊まりこみ、復興に向けて動き始めていた。

これからのことに前向きに取り組もうとする人たちがいる一方で、大切な人を亡くし、悲しみのなか、気持ちの整理ができないでいる人たちも、避難者のなかには多くいた。避難所という文字どおり一つ屋根の下で、接し方は難しい。

タダヒコ副会長は、つとめて冷静に避難所運営に携わった。


「亡くなった人よりも、今我々の命をどうつないでいくかってのが、ここにいる人たちをどう危機から脱出させるかみたいなことを考えてたように思いますね。あんまりそういうこと、考えずにいましたね。避けていたんですかね。身内が亡くなった人にどう声をかけていいかわかんないから、その話題にはふれなかったのは当然なんですけどね。

必要以上にかわいそうだからっていうのは、しない方がいいと思いますよね。なにかを求めている時には助けるべきでしょうけど、そういうサインが出ないかぎりはふつうに対応した方がいいんじゃないんですかね。避難所生活のなかで、遺族と遺族ではない人をわけて考えたことは1回もなかったですね。朝、黙とうをするっていうようなこと

写真29　震災から1か月　14時46分に黙とう
©佐藤信一

もなかったですし」

タカチョー会長は、同じ被災者でありながら町の復興に身を投じる町役場職員を前に、自分たちだからこそできることがあると語っている。

「なにも言えないですよね。体育館にいる町の職員のなかにも親族を亡くされた方もいるので。その人が一生懸命涙をこらえて、みんなのお世話をしてくれるんですよ。脇でそれを見てて、大丈夫ですかなんて言えないですよね。なまじっか知ってるじゃないですか。もうずっと。誰がって」

タカチョー会長自身は、この震災で家や工場を失ったものの、身内は無事だった。タカチョー会長は、身内が亡くなった人を自治会の役職につけることはなかった。

タダヨシさんは「動ける人が動く」ことを家族のような関係だからこそできたことだという。

「結局、動ける人が動く。遺族の方や家族がまだ行方不明というケースなど、捜索活動しなきゃいけない人もいるじゃないですか。それぞれの立場があるから、動ける人が動くという感覚ですね。私だけが動いて損だといった感覚はなかったでしょうね。避難所生活は1つの家族のような感じのものだと、みんな理解していたと思うんです」

また、女性には、男性とは違った思いや接し方があった。

年長の保育士であったある女性は、何人かのより若い女性保育士たちと自治会の避難所運営をサポートしていく立場にあった。彼女たちのなかには、近しい身内を津波で失った人もいた。

「慰めるにも慰める言葉がなくってね。だから私の立場でできたのは、彼女たちがどっかへ行って調べてくる時間をつくってあげることだったんです。ともかく言葉がなかったので。

顔を見ているとわかるんです。苦しくて辛くてどうにもなんない状況だってわかった時には、やっぱり抱きしめるしかなかったですね。へたなことを言うと、自分の方がなんか折れてしまいそうでね。大人なのに、子ども抱きしめるみたいにして抱きしめていましたね」

今は南三陸町の語り部をしている別の女性は、大切な身内を失って、一度は都会の親戚を頼って町を出ていこうとしたものの、思いとどまり、志津川での暮らしを続けている。彼女は言った。

「やっぱり思ったんです。私には志津川を出ていくことはできない。大事な家族が眠っている地面の上で、同じ空気を吸って、死ぬまで一緒に暮らしていきたいと思ったんです」

この日、集団避難の二次募集と仮設住宅への申し込みが始まった。

志津川小学校では、県の委託を受けた建設業者が、仮設住宅の建設に向けて、グラウンドに杭打ちを始めた。

小学校では児童名簿が作成されたが、転校していく児童が続出していることが報告された。スタッフを除く避難者数は282人となり、細かいニーズに対応するための「要望ノート」が作成されることになった。

写真30　仮設住宅の建設開始
木杭の基礎杭打ち　©佐藤信一

4/12 ノロ終息

第33日

4月12日、ノロウィルスが実質的に終息した。

4月3日に最初の感染者が出てから10日。避難所という、衛生面での管理が難しい環境のなかで、避難者全員が1つになって取り組み、目に見えない敵と闘った長い10日間が終わった。隔離部屋に使用していた教室をきれいに清掃し、学校側に返還した。以降の発症者は、志津川高校へ搬送することとなった。

医療チームは撤収に向けての動きが進み、それにともなって医療紹介状の申請受付がスタートした。最終的には、5月30日までに医療スタッフの活動を終了することが報告された。

不審電話や支援物資詐欺など、やや暗いニュースが出てきたりもした。学校への事前通告なしに、仮設住宅の杭打ち作業が校庭で始まるなど、行政の情報伝達の混乱も起きた。

4/13 晴

ボランティア運営

第34日

義援金の一次配布が終了する。津波で流出した町民の名簿を町役場職員が懸命に作成したことで、迅速に義援金を配布することができた。

志津川小学校では学校再開に向けての動きが活発化する。カーテンを洗濯するため、自治会から自衛隊に水の確保を要請することになった。また学校内の片付けは、教員だけでなく避難所のボランティアも協力することになった。

この日、栃木県からのうどんの炊き出し、そして整髪ボランティア活動があった。志小避難所にはノゾミさんだけでなく、多数のボランティアが出入りしていた。

当初、ボランティアの受け入れは、避難所が直接の窓口になっていた。その後、ボランティア希望者は、南三陸町社会福祉協議会が設置した、南三陸町災害ボランティアセンターが一括してとりまとめるようになった。

派遣されたボランティアの活動は避難所が振りわけたが、ボランティアの人数が多くなったことや頻繁な入れ替わりが生じたことで、仕事の分担やルールの周知に多大な労力が必要となり、自治会執行部では対応しきれなくなった。そのため、ボランティアはボランティア同士で情報の集約を行うことになった。

写真31　ボランティアによるパフォーマンス
©志小避難所自治会

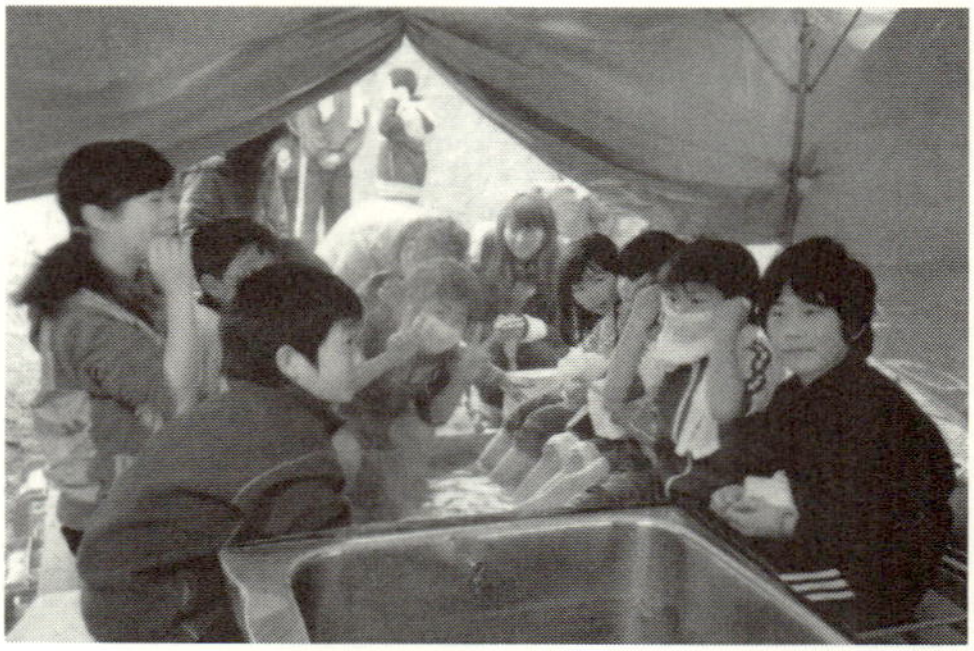

写真32　ボランティアによる足湯　©佐藤信一

この日、志小避難所のボランティアグループは、活動の引き継ぎを続けながら、半年をめどに活動を続けることに決めた。自治会執行部が避難所の閉鎖に向けての動きを本格化させつつあったことに足並みを揃えるためである。小学校避難所が閉鎖されたあと、近隣の避難所でボランティア活動をするための調整も必要となっていた。

長期滞在型のボランティアは、活動から数週間が経過していた。ボランティアもまた、今後のことを考える時期となった。

ノゾミさんのように奈良から訪れたボランティアもいれば、遠くは沖縄から訪れた人もいる。避難所解散後も、東京から通い続けたボランティアもいる。短期から長期まで、その関わりはさまざまである。志小避難所で活躍したボランティアの名前や正確な人数は、残念ながら記録に残っていない。

写真33　ボランティアと共に　©佐藤信一

4/14 晴

仮設住宅の情報

最高気温が20度を超す。

志津川小学校の仮設住宅の全貌《ぜんぼう》が明らかとなった。

建設戸数が50戸から60戸に増加された。間取りは2DKで、集会所が1棟つくられる。仮設の入居者は、南三陸町全体の抽選で決定することとなった。そこで、新設される仮設住宅は、志小避難所と別個に自治会を結成し運営していくこととなった。また、仮設建設に併せて、避難所の解散に向けての議論も活発化した。

そして執行部は、小学校については5月10日まで使用することとし、これを目標に避難所の整理を行うことになった。

写真34　建設中の仮設住宅
©志小避難所自治会

第35日

4/15 理科室の整理

第36日

この日、4月13日に宮城県が発表した被災状況が避難所に届けられた。宮城県全体では9万7705世帯、南三陸町では76％にあたる4109世帯が浸水被害を受けたことが報告された。電気、水道の復旧見通しについては未定であるとされた。あわせて、宮城県が受け取った義援金の支給見通しが報告された。

志小避難所では、学校再開に向けての準備が着々と進んでいた。理科室に積み上げられていた救援物資の片付けが行われた。仮設診療所からは新規のノロウィルス患者が見られなくなったことが報告されている。また、眼科・皮膚科・耳鼻科の診察を週1回、ベイサイドアリーナで受けられるようになった。

4/16 晴

避難所で結婚式を

第37日

この日は関西から来ていたボランティアのノゾミさんが3週間の日程を終え、故郷に帰る日だった。

もともとノゾミさんは2週間の予定でやってきたのだが、女性ボランティアの動員などの仕事の段取りをつけるために、1週間予定を延長して志小避難所にとどまっていた。ノゾミさんは、故郷に5歳の男の子を残している。いったん戻らないわけにはいかない。

その朝、セイキさんがノゾミさんに言った。

「また戻ってきてほしい。戻ってきてくれたら、町役場にあれ(婚姻届)、あっから

……」

婚姻届に押す印鑑が津波で流されたことに、その時セイキさんは気がついていなかった。

2人には、14歳の年の差がある。最初の出会いはドラム缶を囲んだ時だった。最初ノゾミさんは、「入れ、入れ」とか、「昼飯食べたんか」とか、ちょくちょく声をかけてくれるセイキさんのことを、「ただのおじさん、なんにも思ってなかった」。

彼女は、外部の小さな避難所とか個人の家を回って物資を配布する際に、「地元の人と回ろう」と思って、昼寝をしていたセイキさんに声をかけた。配っているうちに、2人でいる時間も当然長くなってきた。

ある時、セイキさんがタバコのポイ捨てをした。その姿にノゾミさんは激怒した。

「私がめっちゃ怒ってん。怒られたことあんまりなかったみたい。まして女には。『この川めっちゃきれいやってん』って言いながら、ポイ捨てしてんな。『なんできれいやったっていう川に、タバコ放るねん。そんな人、吸わんでよろしい！』って。すごい衝撃やったらしいよ」

避難所に咲いた被災者男性とシングルマザー・ボランティアとのロマンスは、またたく間にマスコミの注目するところとなった。

新聞などの記事はまずまず穏当な内容だったものの、それにさまざまな尾ひれがついて、あることないことがネット掲示板などで書き散らかされた。ある時点でのヤフー検索では、当時話題となっていたローマ法王を抜いて一番になった。

避難所内の物資の配給でノゾミさんと一緒にいることの多かったタケカズさんは、こう言う。

「まあ私からすれば、ノゾミは女として見たことがなかったので。同志っていう感じですかね。それがある日突然、女になったっていう。怒られるな、こんなこと言うと(笑)。

ノゾミのような人がいたというのは、大きかったですね。いろんなタイプの人がいて、一生懸命協力することはするんだけど、仕切るところまではできないなかで、先頭切って仕切る人でしたからね」

ノゾミさんはノゾミさんで無我夢中だった。

「女1人でなにしに来てるねんって、みんな思ったはず。でもそれが3週間の滞在によって、同志として思ってもらえるまで行けたっていうのは、私としてはすごくうれしいし、誇りかな。タケさんも、女らしさはなかったって言ってたでしょ。だから、性別とかは、ここでは関係ないの、一緒に働くことって。できることできないことは、性別によって少し違うかもしれないけど、一緒になにかするというところでは、それが補い合いだから、それで1つのことができたわけでしょ」

避難所をあずかる立場にいたタダヒコ副会長は、マスコミの取材攻勢をまずいなと感じていた。

「すごいズカズカ入り込んでくるみたいな。『なんでダメなんですか』って、執拗に食い下がってきたんですよね。収拾がつかなくなるっていうか。ボランティアと避難者の恋愛っていう部分でクローズアップされて。それを、一般の避難者の人に『どう思いますか』って聞くわけですよ。そうすると、『なに、それ?』という人もいれば、『なにも言うことはねえ』という人もいれば、『いいんじゃないの』っていう人もいたり。

『それはやめようね』って話にして、シャットアウトにしたんですね。取材する前に必ず事務局で許可をとってからにしてくださいって。取材の対象とか内容とかを示してもらってね」

ノゾミさんは4月下旬、息子とともに再び志津川に戻ってきた。

セイキさんの気持ちはうれしかったが、物事には順序があるとノゾミさんは考えていた。志津川で生活していくことができるのか。なにより、息子がセイキさんと会う場を設けなければならない。避難所とはいえ、道路が復旧し落ち着きを取り戻しつつある状況なら、面会の場をつくることはできそうだった。

2人の婚約を避難所の皆が祝福した。

志津川に戻ったノゾミさんに「結婚式を避難所ですればいい」という提案があった。ノゾミさんはうれしかった。町の人たちに受け入れられた気がしたからである。それから2人は志小避難所が解散する5月をめどに結婚式を挙行しようと予定を立てた。もちろん避難所の多くの人がアイデアを出し、2人の門出を祝おうとした。たとえば、チャペルの「ウェディングベル」の代わりに、セイキさんが運転している消防車のベルを鳴らすプランなど。

この結婚式についても多くのメディアが広く報道した。そして、その反応は必ずしも好意的なものばかりではなかった。また、メディアはこの結婚式を大きな話題として仕立てようとした。もちろんそれは2人の本意ではない。結局、結婚式を取りやめにすることにした。セイキさんは振り返る。

「世間で騒がれて、体育館のなかで結婚式をやってあげたいって話が、最初私の知らないところから出てきて、テレビ中継させてくれだの、芸能人呼んで歌ってもらおうだの、話が大きくなっちゃって。それが全部実現したらば、大変なことになってましたね。自分らの生活もなくなっていた。本当に怖いですよ。

なにもないなかで、みんなでがんばってきた人たち、仲間なので、純粋にその人たちに祝ってもらったことは、私たち2人、一生忘れることはないと思います。うわべだけのつきあいではなかったし」

その後、２人は熟考の末、２０１２年に婚姻届を提出した。

結婚後、２人の間には男の子が生まれた。現在は、志津川で家族仲良く暮らしている。ノゾミさんは、子育てのかたわら、仮設商店街「さんさん商店街」でタダヒコさんが営むお茶屋さんの店員として活躍している。

4/17 晴

ドッジボール・綱引き大会

第38日

17日は日曜日。この日はＡＭＤＡ主催のドッジボール・綱引き大会が校庭で行われた。

避難所閉鎖に向けての準備も進み、ボランティアによるステージの整理が行われた。体育館の倉庫は届けられた古着が山積み状態で、必要な物資を置くスペースがなくなってきた。

また、校庭で仮設住宅の建設が進むなか、仮設住宅のゴミ出しや駐車スペースの設定に関しても、学校側と避難所側で相談が行われた。

５日間連続してノロウィルスの発症が確認されなかったことから、消毒のための塩素濃度を下げることになった。

医療関係では、志小避難所での夜間診療が５月２日で終了、以降はアリーナで診療することになった。また５月14日で志小避難所での診療も終了することが報告された。

4/18 晴

赤ひげ先生の話

第39日

ついに志津川に電気が通った。

ただし、通電地域はアリーナ周辺、入谷地区、旭ヶ丘地区に限られた。小学校の通電の見通しは依然として立たず、「未定」のままとなっていた。

また、5月2日からアリーナに医療機能が集約されることになった。

志津川の「赤ひげ」であるササハラ先生は、この日をかぎりに志小避難所を去っていった。志津川病院の仮設の外来診療所が立ちあがることになり、勤務するためである。この年の秋まで、そこで診療を続けた。

現在、ササハラ先生は南三陸町の隣町、登米市で開業している。

先生のクリニックは、登米市に建設された、南三陸町の仮設住宅の近くにある。ササハラ先生は、仮設住宅に住む南三陸町の人たちのことを思い、登米市にわざわざやってきたのである。

「ここの人たちは、志津川まで行けないわけですよ。そういう人たちにとって、やっぱり顔を知っている人間がいるのは重要なことなんですね。『ちょっと先生、体がおかしいいんですけど、どこが悪いんでしょう』なんていう話で、聞きながらやってると、ある程度安心するわけですよ。それで今動ける僕の方が動いて、ちょっと無理してでも登米市で医療をやろうと思って。志津川病院の仮設診療所の方は、医療チームの応援でなんとかやっていけるめどがついていましたから」

さらに震災当時のことを、こう振り返る。

「やっぱり話を聞いてあげることですね。家族を亡くしたりして精神的にショックを受けている人は、しゃべらないんですよ。で、住所を見るわけですよね。そうすると、『あ、この地区は津波で流されてるな』と思って、「津波で自宅流されたんじゃないですか」って言うと、『うん、そうです』って言葉から始まる。『実は、息子の嫁と孫が亡くなって、その遺体があがらない。たまたま自分は高台に行って助かったんだけど、もちろん戻ったら家もなにもないし。』

自分で探したんでしょうね。きっとね。それで4日目か5日目にお嫁さんの遺体があ

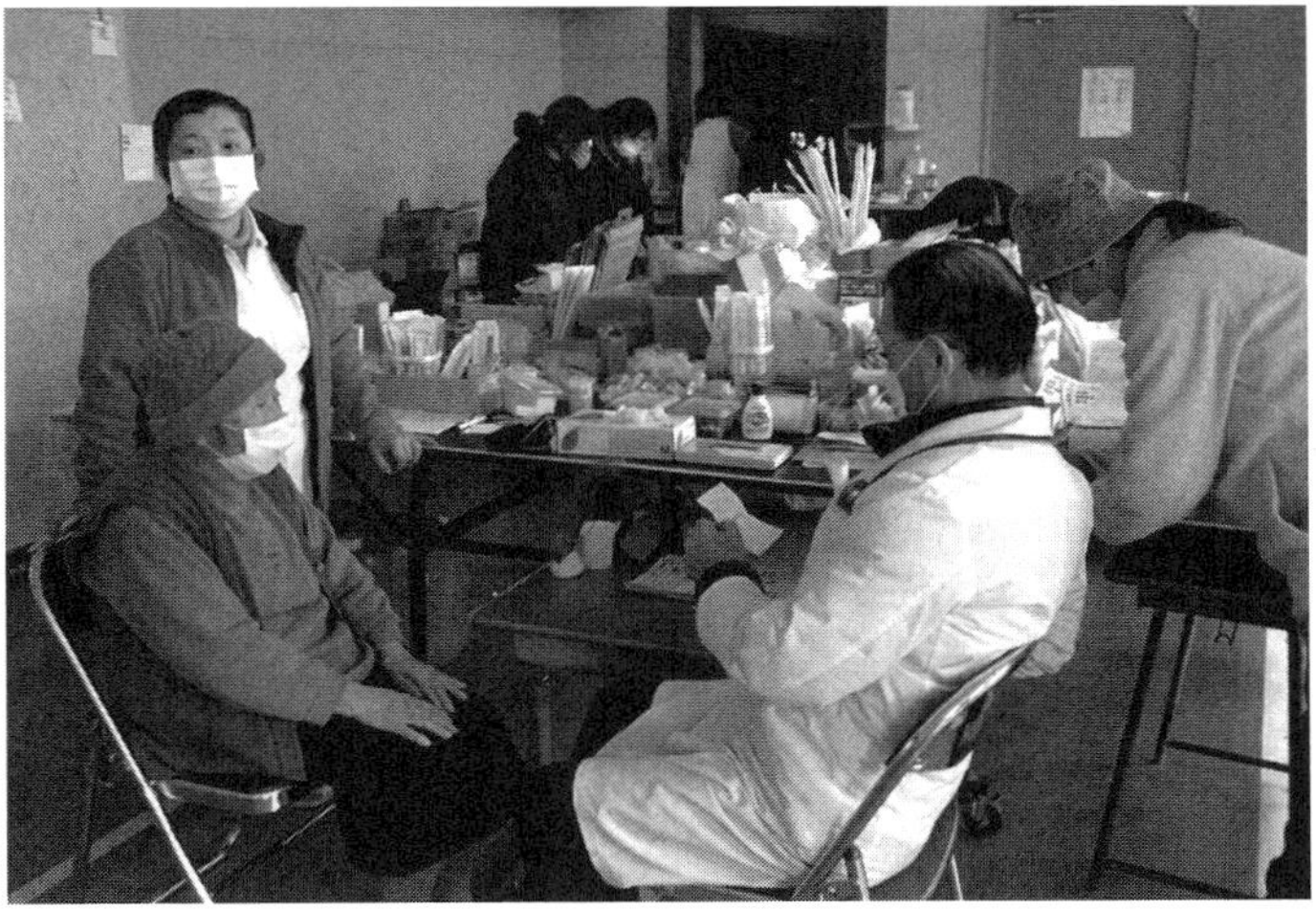

写真35　仮設診療所での診察の様子　©佐藤信一

がったんだけども、『こういう格好でね』（腕を輪にして）とかって言うわけ。『孫はいない』と。そのお嫁さんの心理ね、必死になって、孫を放さない、と……」

ササハラ先生は、一瞬息をつめた。先生の両目からは、ポタポタと涙がこぼれ落ちた。子どもを抱き抱えたままの形で亡くなっていったお母さんの無念はいかばかりだったろう。そして、その姿を見た時の、患者さんの張り裂けんばかりの胸のうちはいかなるものであっただろう。

ササハラ先生の心は、いつも被災者たちのかたわらにあった。

「同じ境遇を経験すると、お互いにわかるってことですね。やっぱり医者と患者さんとの垣根ってのをなくして、お互い共有できるものはなにかっていうのを見つける。そうすると、今まで自分の目に見えなかったものがわかる。患者さんのいろんな心理とか、やっぱり言葉では言い表せないものですから、あらわせないものをいかに聞き出すかってことは、診療していくうえでの一番重要なことで、そこから診療の方向性も見えてくると思います。

医の原点というのは、なにもなくても、まずは話を聞いてあげる。そして、話を聞いたうえで、いかに薬はなくともこの人を癒すことができるかってことを、医者が考えるということですよね」

ササハラ先生は、自分の残りの人生を、「他の町へ移った志津川の人たちの心を癒す」ために使おうとしている。

現代の赤ひげ先生の姿がここにある。

4/19 曇▶雨

福興市計画

第40日

この日、志小避難所にはオーストラリア首相が視察に訪れた。

その他にも、海外からのボランティア団体や視察団、医療チームが志小避難所に足を運んでいる。日本だけでなく、世界中のさまざまな国の人たちとのこうした出会いやつながりが、その後、南三陸町が復興を進めるなかで、大きな力になっていく。

また、4月29日と30日に商店街経営者が中心となって「福興市」を開催するとの明るい話題が報告された。

震災前から交流のある日本各地の商店街の協力で、各地の特産品などを集めて志津川の人たちに提供し、商店街と町の復興のノロシをあげようというのである。この町で避難生活を続ける人たち、町を離れて暮らす人たちに、この町で久しぶりに集まる機会をつくりたいという思いもあった。

会場は志津川中学校グラウンドの特設テント。早速地域通貨「タコ通貨」を発行してはどうかなど、さまざまなアイデアが出された。

志津川小学校の校庭の一角で仮設住宅建設が進むなか、南三陸町は山がちな地形で平地が少なく仮設住宅の用地確保が難しいこと、そして電気・ガスのある生活を一刻も早く提供することなどの理由から、今回の津波の浸水地区である伊里前地区、戸倉地区の中学校校庭にも仮設住宅を建設することになった。

4/20 晴

物資担当者のアイデア

第41日

これまで毎日の定例会議の内容あるいは自治会の決定事項は、メンバーがそれぞれのノートに記入してきた。また「避難者名簿」や班別の「区画割り」などは、大きな模造紙にマジック書きで掲示していた。「紙とえんぴつ」をマメに使って。

煩雑だったのは、日々入れ替わる「避難者名簿」の作成だった。

この時点では、当初に比べて避難者の人数は落ち着いてきたが、それでも避難所間での移動や二次避難が始まったことで毎日出入りが激しく、名簿づくりは困難をきわめた。

そうしたなかで医療支援団体ＡＭＤＡから発電機が貸し出され、パソコン2台とプリンターを使用することができるようになった。事務局の運営は大いに改善された。

また、集まった支援物資をより効率よく必要とする避難者に届けるための「フリーマーケット」が、午前と午後に開催されるようになった。

もちろん支援物資を避難者に販売するわけではない。時間を決めて、班ごとに物資置き場に行き、並べられた物資のなかから「必要な物を避難者が自分で選ぶ」ことを「フリーマーケット」と呼ぶようにしたのである。

配給という言葉をやめ、「フリーマーケット」という言葉を使うことで、そこに楽しみが生まれる。これも物資担当の考え出したアイデアの1つであった。

4/21 パーティションは要らない

第42日

この日、南三陸町の主だった避難所にパーティションが届けられた。体育館や教室のスペースを間仕切りするための、高さ2メートルほどのボードである。これは、避難者のプライバシーを確保するための支援物資として、町役場からサンプル的に配られたものだった。東日本大震災では多くの避難所でこのパーティションが活用され、「避難所の必須アイテム」として注目を浴びていた。

ところが、志小避難所自治会では、避難者の意見を聞いたうえで、このパーティションを使わないことに決めた。

自治会のなかには、パーティションがほしかった人もいるはずだと振り返るメンバーもいる。

「やっぱ個人差があって、パーティションがほしい人もいたと思う。言えなかったたんだよね。でも、ないのが正解だった。それはずっと思ってる。うん。ほしい人は絶対いた。特に女の人はね」

一般的には、避難所のパーティションは、あって当たり前のものかもしれない。しかしながら、志小避難所ではついに一度もそれを使うことはなかった。次の2つは、女性の意見である。

「パーティション使ってなかったですね。途中来たけど、使わなかった。他の避難所みたくテントみたいなのを張るとか、すっかり区切るってのはなかったですね。皆で和気あいあい……とまではいかないかもしれないけど、それなりにお話してました」

「小学校では、別に見られても、気にしないっていうか。パーティションとかあるよって言われたんですけど、なんか高さが大変だったりとか、誰がどこでなにしてっか見えないっていうのもあって、『別に要らないよね』みたいな感じになっていたので。逆にそれが避難所を1つにして、仲良くなったっていうか。となりの人が『あ、今寝てるな』みたいなのが見えたりとか。どっかにいったんだなっていうのも、わかったので」

自分のありのままの姿を、他人には見られたくないが、家族なら大丈夫、ということはよくある。「小学校では、別に見られても、気にしない」というのは、避難者の間に、家族的な関係ができていたことを物語っている。

「船長さん」と呼ばれた漁師の男性は、次のように言う。

「プライバシーも大事だけど、全部をあからさまにして、みんな兄弟って思うようにすると、誰がつらい立場にあるかが見えるもんで。プライバシーがないから眠れないとかなんとか言ってても、結構疲れているから寝れるんだね。衝立《ついたて》を立てる人もいたんだけども、誰かに話しかけたりしてくると、だんだん下ろすんだね。やっぱりそういう心理ってあるんだね」

また、物資担当のリーダー・コウイチさんはこう言う。

「志津川小学校の体育館の場合は、プライバシーないんですよ。みんなそのへんで雑魚寝するし。でも、それが結果的にはよかったような気がするね。なぜかっていうと、見えるから。あの人大変だろうなっていうの。やっぱり手を貸したり、いろんなことをするんですよね。助けるんですよね」

このパーティションについては「結果的に正解だった」という声が圧倒的に多い。簡易更衣室で着替えなければならなかったという不便は多少あったものの、トータルするなら「お互いの状況が見える」関係ができていたのがよかった。「つらい立場」にいる人を慰めたり、「困っている人」に手を貸すことができた。

「プライバシー侵害を気にして、みんな衝立《ついたて》を立てて囲ってしまうと、そういうのが生まれなくなってくるみたいだね」と船長さんは語った。それが、志小避難所が出した答えであった。

志小避難所閉鎖後、中学校の避難所に移った人の目には、パーティションが「異様な」ものに映った。

「小学校は囲いが1つもなかったので。中学校の避難所に移った時に、高いので仕切っていたのは、逆に異様な光景に見えました。小学校は、となりの人に『醤油貸して』って言えば、『いいよ』っていう感じでやってたからね。フルオープンにしてたのは、小学校だけだったと思いますよ」

実際は、事態はもう少し複雑だった。志小避難所閉鎖後、中学校に移ったタダヒコ副会長は言う。

写真36　体育館避難所全景
パーティションは使われなかった
©佐藤信一

「避難所を統合した時にね、アリーナの人らと高校の人らとかが、パーティションがないと集約には応じないって条件を出したらしくって。私、中学生（の息子）がいたんで、中学校の体育館に。10日間ぐらいいたかな。それで、『小学校からの皆さん、パーティション要りますか』って聞かれて、『要らねえ、要らねえ』って。私が出たあとに、最後の残った人らが中学校の体育館に集められたんですけど、半分か3分の1がパーティションのゾーンになってましたね。そして、こっち側はなにもないみたいな。面白いなあって思いながら、見てましたよ」

「パーティションが要らないのは、志津川

の人たちだから」とは言えない。

なぜなら、同じ志津川でも、志津川高校やアリーナに避難した人はパーティションを採用していたからである。そうすると、その違いはそれぞれの避難所でつくられた文化の違い、つまりその避難所をリードした人たちの考え方や、そこに集った人たちが生み出す関係性の違いが、パーティションの必要性の違いを導いたということだろう。

志小避難所に集った人たちが形成していった避難所文化は、いわば「見られても気にならない」「見えることで互いを思いやる」といった人間関係そのものだった。

4/22 曇

子ども用仮設トイレ

第43日

午前10時30分に、第二次となる二次避難者を乗せた大型バスが志津川小学校を出発した。校舎や昇降口などに積まれていた物資が片付けられていった。学校再開に向けて、周辺の掃除も始まった。また志津川保育所についても再開準備が進められていった。

水道の復旧が遅れていたため、子どもたち用の仮設トイレも10台設置された。

最終的な避難所の解散は、5月2日～4日の第三次二次避難後に行われることになった。避難者の行き先は近隣地区もしくは志津川中学校であった。

4/23 新しいご近所さん

第44日

志小避難所ではすでにノロウィルスは終息していたが、この日、入谷地区でインフルエンザを発症する人が出たというニュースが入った。一方避難者に対して、5月30日までは医療費を無料とするという方針が出された。

すでに町民避難者の数は200人を切っていた。

集団避難が進むなか、避難者が減ったところで、自治会の発案で生活スペースの区画割りを見直すことになった。ある女性避難者によると、生活状況にあわせて、各自のスペースわけを工夫したという。

「歩くスペース、人が腰を下ろせるスペース、ボランティアさんが来て催しものができるようなスペース、そういうのをみんなでつくってね。真ん中に1本の道ができて、碁盤の目のように。とにかくなにかあった時にすぐ人が回って入れるように、そうしたスペースも空けましょうとか。なんとなく1つの小さい集落のようなものができていくんですよね」

当初より個々の区画は、個人専用のスペースと認識されがちであった。自治会執行部も、区画の調整にしばしば苦戦してきたが、気がつくと相互に譲り合いながらスペースを区切ることができるようになったという。この頃の避難所の雰囲気について、タダヒコ副会長は次のように語る。

「最初は非常に緊張感があったのが、だんだん穏やかになっていくっていうか。大人が安定してくると、子どももそうなってくるのか、体育館内を走り回って遊んだりとか、歓声をあげて遊んだりとか。私には、そういう長屋的な近所づきあいの経験があったので、なんか懐かしいってのはありましたよね。オイゼンさんなんかは、よく一つ屋根の下って言ってましたよね。なんかね、ご近所さん。新しいご近所さんになったのかなって。そんな感じがしましたね。最後になると、みんな表情も穏やかに、柔和になってきましたね」

「中盤以降は、余韻というか、徐行というか、こうずーっと慣性で動いていって。季節もあったかくなってきたんで、なんだかダラーンとしてた記憶がありますね（笑）」

また、志小避難所が閉鎖するまで事務局員として活動したシノさんは言う。

「みんなこう、笑ってたかな。笑っててもいい環境だったっていうか。別に普段の生活をしてるだけだから、体育館のなかで。みんなが笑ったり、ボランティアさんが来て楽しく接したり、まあ、被災した話を『笑って話すしかしょうがないよな』みたいな感じだったので。なんかそれができる環境だったことが、よかったなって思います」

また次の言葉は、ある避難者のものである。

「津波で避難するっていいことじゃないんだけど、悪いことだけでもなかったかなって。津波が来るまでは全然知らなかった人でも知り合いになって、今でもメールのやりとりをしたりとか、会えば『ああ！』って。震災後しばらく経ってから、ボランティアに来てくれた人たちと一緒に飲んだこともありますね。そういう意味では、悪いことだけじゃなかったなあと思ったり」

写真37　一つ屋根の下のご近所づきあい
©志小避難所自治会

間違いなく、日が経つにつれて、志小避難所は1つの「コミュニティ」となっていった。災害と避難生活自体はもちろんない方がよいが、「一つ屋根の下」、避難生活を通じて、「仲間」や「家族」と言えるような人間関係ができていった。

そこには「新しいご近所さん」との暮らしがあった。

4/24 晴

仮設住宅の当選発表

第45日

この日、町内の宿泊施設のグラウンドに建設した、合計140戸の仮設住宅の当選者が発表された。

倍率は7倍。仮設住宅への入居が決まり、ほっとする人もいれば、抽選の結果次第では避難生活が長引くのではないかと心配する人も出てくる。志津川小学校、志津川中学校の仮設住宅は29日に抽選が行われることが

写真38　ボランティアによる学習支援TERACO（テラコ）

©佐藤信一

決定した。

あわせて、第三次避難の希望者の募集が始まった。

日曜日ということで、ボランティアが中心となって子どもたちの勉強会が行われた。避難所生活から復興に向けて、子どもたちの「勉強の習慣」を取り戻すことが目的である。ボランティアだけでなく、手が空いた大人たちも手伝った。なかでも東京からやってきた大学生らが子どもたちの学習を支援するＴＥＲＡＣＯ（テラコ）の活動は、志小避難所解散後も継続していった。

4/25 晴

くらしの情報

第46日

仮設住宅についての情報が提供される。

住宅の付属設備は、風呂、トイレ、テレビ、冷蔵庫、洗濯機、エアコン、掃除機、レンジ。住居費はかからないが、光熱費は実費となる。

いちおうの生活ができると安堵する声が聞かれる一方で、食料の配給などは行われないことが判明した。仮設住宅に移ったあとも、新しい自治会をつくる必要があることもわかった。

学校側からは5月10日に2年生から6年生までの始業式を行うこと、12日には入学式を行うことが周知された。

商店主から、福興市の具体的なスケジュールが報告された。

4/26 晴

そうだ、花見をしよう！

第47日

お花見といえば、関東や関西では4月初旬と相場が決まっている。しかし東北の桜前線は3週間からひと月遅れてやってくる。

この日の13時から、志小避難所に残った人たちで花見の宴が開かれた。場所は体育館とプールの間の桜の下。この日の最低気温は5度、最高気温は16度近くになった。この日の避難者数は253人（そのうち町民は180人）。そのうち、50人ほどが花見に参加した。

「外務大臣」オイゼンさんは言う。

「花見をしてから10日ぐらいで、避難所は解散だったのかな。だから、2か月間のうちのずっと後半だね。

その場で東京大学のお医者さんがおっしゃってましたよ。みんなニコニコして、缶ビールで乾杯しますよね。『これが最大の病気の予防なんですよ』と。僕ら医者がどういう手当をしても、この心の癒し。『これに勝る予防ってないんですよ』って。病気になってからは、いかなる技術いかなる名医でも治せるものと治せないものとがある。ただ、『このようにみんなで集まって、このようなことを続けていけるのであれば、病気が防げるんですよ』と。

『先生もビール飲みますか』って尋ねたら、『勤務中です』って（笑）」

この花見は、いたって「ふつう」の花見だった。食べて、飲んで、そして歌って。

「なんという話でもなかったね」（タカチョー会長）

「印象には残らない、花見らしい話ですよ（笑）。特別の会話とかしてない、どうでもいい話しかしてないと思います」（タダヒコ副会長）。

この日の花見は、ごくふつうの花見であった。

写真39　体育館前　花見で満開の笑顔

©志小避難所自治会

ただ、その「ふつう」が、胸にしみる出来事だった。

「ふつうの花見がふつうにできること」。

避難所のメンバーが待ち望んでいたのは、この「ふつう」に他ならなかった。

4/27 曇

避難所解散に向けて

この日、避難所閉鎖に向けてのスケジュールが確認される。

そこで志小避難所の解散日が、5月8日に決定された。5月5日と6日に第三次の二次避難を行い、7日と8日には集団避難をしない人たちが近隣の避難所へ移動することになった。

自治会と学校の間での懸案は、体育館に物資を残し、配給などを継続するかであった。協議の結果、体育館の物資はきれいに片付け、学校に返却することが決定された。

写真40　隣町への二次避難に向かう避難者

©佐藤信一

第48日

4/28 雨

あおぞら教室終了

第49日

この日、南三陸町の合同慰霊祭がとり行われた。

志津川小学校の教員が続けてきた「あおぞら教室」も終了する。

学校側は、5月10日の始業式、12日の入学式と、その後の授業再開に向けて本格的な準備に集中することになった。

志津川小学校周辺の道路が通行可能となった。各避難所や仮設住宅から通う子どもたちのために、スクールバスの運行について協議が行われた。

商店主たちは、明日からの福興市に向けて最後の準備に追われていた。

会場の志津川中学校のグラウンドには、日本各地の商店街から持ち込まれたテントが設営された。駐車場スペースの不足分は、ベイサイドアリーナの駐車場を利用し、シャトルバスを運行させることとした。ビラの配布も終わり、いよいよ本番を待つばかりとなった。

4/29 晴

さあ、福興市！

第50日

震災からちょうど50日目のこの日、志津川中学校を会場に記念すべき第1回の福興市が開かれた。

この福興市の企画・実施を、志津川中学校避難所のリーダー・ヤマウチさんとともにけん引したのが、「外務大臣」オイゼンさんである。オイゼンさんは、福興市の開催の経緯について語る。

「防災朝市ネットワークですね。このネットワークの皆さんの絶大なご支援のおかげで、第1回福興市が開催できたんです。

これは北海道から九州まで二十数か所の商店街が加わってるんだけど、そのネットワークのなかで一番最寄りが山形県酒田市なの。酒田の中通り商店街。そこが一番先に、3月16日だったかな、第1陣目がふっとんできたの。で、志小（志津川小学校）のオレのところと、志中（志津川中学校）のヤマウチさんのところに物資をドーンと置いていって。

写真41　第１回福興市の様子　　©佐藤信一

防災朝市ネットワークの人たちが、全国のものを酒田（山形県）に結集させて、物資をよこしたわけだ。

そうやっていただくのはありがたいけれど、商人たるものいつまでも人様にもらっていたもので生きていたら、これは申し訳ないと。我々は、この瓦礫のなかでノロシをあげて、町の皆さんに商品を提供しようと。それこそが、商人の仕事だべと。

するとね、お客さんたちも来てくれたんだ。みんなそっちこっちに散らばってるでしょ。仙台に避難している人、遠い鳴子温泉に避難している人、登米市に避難している人、内陸部に避難している人、そういう人たちが全部ね。向こうの避難先のお世話人の方々や旅館の社長さんたちが自らマイクロバスを運転して、町民みんなを乗せて来たの。みんな久しぶりに会ったものだから、『あー、久しぶり』とか、『あんたも生きてたの』とか。

２０１１年４月29日と30日の第１回福興市がね、出会いの場になったわけさ。震災後の安否を確認しあったの」

福興市自体は、志小避難所での出来事ではない。

しかしながら、多くの避難者を大いに元気づけ、勇気づけるイベントであった。それを生み出したのは、防災朝市ネットワークの存在であり、そのネットワークを通じていざという時の「共助」の精神を培ってきたオイゼンさんたち避難所リーダーの手腕と心意気である。

志小避難所の解散の時が近づいてきたこの時期、福興市の開催は、復興に向けた志津川の人たちの「立ちあがり」を象徴する出来事であった。

この福興市は、現在（２０１６年12月時点）でも続いており、すでに63回を数える。

4/30 晴

福興市にEXILEがやってきた

第51日

福興市2日目。

午前中、EXILEのメンバーが特設ステージに登場した。

会場は大いに盛りあがり、この日集まった多くの人たちを勇気づけた。メンバーは気軽に参加者との写真撮影に応じた。Tシャツの配布も行われた。

彼らとともに実施された炊き出しのメニューは、中華そば、焼き肉、綿アメ、タイ焼き。子どもたちにとっては避難所生活のハイライトであった。

またこの日、志小避難所の小ホールで活動を続けてきた医療チームの活動が終了した。

震災当日に、偶然避難してきたササハラ先生と公立志津川病院のスタッフによって立ち上げられた医療チーム。その後、AMDAや各大学病院の医療ボランティア、さらに終盤には名古屋大学のチームがリレーしながら今日まで献身的な医療活動を行ってきた。
医療チームの存在は、医療と衛生の両面から志小避難所の運営を支え続けた。

5/1 曇

おめでとう、赤ちゃん誕生！

第52日

5月の声を聞くこの日、志小避難所のご夫婦のもとに新たな命が生まれた。生まれたのは体育館ではなく、車で1時間ほどのところにある石巻日赤病院。夜中に破水し、慌ててご主人の車で入院した日の夕方、無事元気な女の子が誕生した。

志小避難所唯一の妊婦さんは、震災当日時点で8週間後が予定日だった。津波で家が流され、最初の2日間は車で寝泊まりしていたご夫婦。2人の小さな子どももいる。非常食が尽きた翌日から志小避難所に移った。その際、小学校に避難していたお医者さんが親切にも毛布やふとん一式を置いていってくれた。

無事赤ちゃんを産むことができたお母さんは言う。

「今思えば、なんで避難所に臨月までいたかとも思うんですね。たぶんその時には、この町から抜け出してしまうことはいけないことのような気になってしまったと思うんですよね。そして自治会のコミュニティっていうか、まわりの人たちがよくしてくれたので、なんとか過ごせたのかなって。

医療の面でも情報の面でも、学校の面でも、今後の町の方向性の情報を得る面でも。体育館で過ごすといろいろとよいことがあったので、とどまりました。ベイサイドアリーナが本部にはなっていたんですけど、土足だったということもあって。

本当に恵まれていたんですよね。小学校に避難したことが本当によかったと思えるような」

ノロ騒ぎの時には、2人の子どもとともに自分も感染してしまったという。

「体育館からちょうど出かける時に、娘が吐いてしまって『みんな動くな』ということになり。娘がまわりを袋で囲まれて、皆さんが手袋して全部掃除されったていう記憶がありますね」

「笑い話」のようだが、当時は気が気ではなかった。なにしろ彼女は臨月を迎えていたのだから。

すでに前日の4月30日に仮設診療所は閉鎖されていて、それまで常駐していた救急車もなかった。午前3時破水。タカチョー会長に声をかけて、ご主人の車で石巻日赤病院へ向かった。

現在ご夫婦は、志津川で震災前に営んでいた丼屋さんの再開を目指し、その準備としてトラックによる移動式の惣菜屋さんを切り盛りしている。

2011年5月1日に志小避難所で誕生した赤ちゃんは、現在5歳になっている。

5/2 晴

周辺住宅の支援

第53日

第三次となる二次避難先が発表される。

避難所は解散に向けて慌ただしくなってきたが、問題は志津川小学校周辺で被災を免れた住宅で生活する人たちへの支援の継続をどうするかである。

この日の志小避難所は避難者102人、在宅避難者73人。これまで志小避難所は在宅避難者への支援を続けてきたが、それに代わる組織の設置が話し合われた。

在宅避難者について当面の支援は自衛隊が行うこととなり、話し合いの場が持たれた。

5/3 晴

救援物資の最終配給

第54日

志小避難所の解散に向けて、避難者の確認が実施された。

救援物資の最後の配給が行われた。

体育館の片付けも行った。

多くの人が50日以上にわたって生活しただけあって、コンテナ2つ分の廃棄物が出た。この間ボランティアの数も少なくなり、人手の確保が必要となっていた。

5/4 曇

自衛隊のお別れ会

第55日

この日町役場から、町民課の窓口を5月9日から開設するという知らせが届いた。

また小学校再開時の児童数についての報告があった。残念ながら、多くの子どもたちが転校することが判明した。

沖縄の自衛隊部隊の交代も行われた。

当初は粛々と部隊の入れ替えが行われる予定だったが、食事担当の保育所職員の声かけで、志小避難所全員によるお別れ会が行われた。

子どもたちは校舎から色紙を集めてきて、プレゼント用のメダルをつくり自衛隊員1人ひとりに手渡した。着任からこれまで、つとめて厳しい表情を崩さなかった隊員たちも、この日だ

写真42　子どもたちが手作りのメダルをかけていく　©志小避難所自治会

けは目いっぱいの笑顔になった。

写真43　長いアーチをくぐる自衛隊員　©佐藤信一

写真44　お世話になった自衛隊員と記念撮影

©志小避難所自治会

5/5 曇

近くだからいつでも会えるね

第56日

5月8日の志小避難所の解散を3日後に控えて、予定どおり第3回目の二次避難が実施された。

この日、約60名がマイクロバスに分乗し、55日間を共に過ごした体育館をあとにして、各地の二次避難所に向けて出発した。今回一番人数の多い避難先が、志津川の老舗宿泊施設「ホテル観洋」。志津川中心部から車で10分ほどの海岸線に建つ眺望のよいホテルである。

「近くだからいつでも会えるね」と、声をかけ合って別れを惜しんだ。

二次避難者が去っていった避難所は、いつも以上の静けさに包まれた。

写真45 「近くだからいつでも会えるね」

©志小避難所自治会

残る志小避難所の避難者は合計１３８人。町民避難者１０６人。ボランティア、町役場職員32人となった。

ガランとした体育館で、子どもたちに気持ちよく引き渡すために、全員で最後の片付けに取り組んだ。

5/6 トイレの水の確保

第57日

仮設住宅の申込状況が発表された。申込件数は１８４９世帯。そのうち、志津川小学校など公用地で賄える仮設住宅は約１０００戸、残り８００戸以上の用地確保が必要になり、避難生活が長引きそうだという見込みが報告された。

学校再開に向けての準備が慌ただしくなるなか、トイレ用の水の確保が大きな課題であった。検討の結果、志津川小学校のＰＴＡとボランティアが中心となって、沢の水を３トン確保することとなった。

5/7

2日がかりの大掃除

第58日

天候に恵まれたこの日、いよいよ最後まで志小避難所に残った避難者の二次避難が進められた。その多くは、おとなりの志津川中学校に移動することとなった。ボランティアセンターからも応援が到着し、荷物の移動を行った。私物や生活用品だけではなく、学校に残った救援物資も移動させるため、2日がかりの片付けである。あわせて、体育館と校舎の清掃が念入りに行われた。

5月10日には始業式が、12日には入学式が行われる予定となっていた。

写真46　避難所閉鎖に向けての大掃除　©佐藤信一

5/8 晴 さよなら、避難所

第59日

最後まで志小避難所に残った人数は１０９人。その内、町民避難者20人。在宅避難者が71人。ボランティアなどスタッフが18人である。

この日、朝９時半から最後の大掃除が行われた。そのあと志小避難所閉鎖の作業も粛々と行われ、短時間のうちに終了した。

そして５月８日10時半。

志小避難所の最後の避難者が、次の避難先へ向かうため、体育館をあとにした。

誰もいなくなった体育館のステージには、３月11日震災当日と同じ「おめでとう」の５文字が飾られていた。

こうして志津川小学校の体育館を舞台にした、志小避難所の59日間にわたる物語は幕を閉じた。

志小避難所について、自治会の主要メンバーは次のように言葉を寄せている。

シンタロー副会長

「自分は、志小の自治会はうまくいってたと思っていて。なぜかなと思うと、自治会の人たちがよかったとか、能力が高かったとかではなくて、それよりまわりの人たちがたぶんすごく我慢強かった。まわりの人が協力してくれたおかげなんだな、というふうにすごく思うんです」

施設担当リーダー・ヤスノリさん

「いつまでも行政の人間をあてにして、行政の人にお願いしてとなると、行政の人たちがなにもできなくなってしまいますからね。自分たちでできる範囲のものは全部自分たちでやるようにしないと。そういうバランスが、小学校避難所はよくとれてたのかなあと思います」

志津川小学校PTA会長・シンイチさん

「他の避難所と比べて、志小避難所は統率がとれていたんでね。

私利私欲というか、そういったものはまるっきり存在しなかったと思うんだね。共存の精神が非常に強かったんじゃないかな。

それはまあ、タカチョー会長をはじめ、タダヒコ副会長とかそういう人の存在が大きかったんじゃないの。きっちり『ダメなものはダメだ』って言ってたし。避難している人間にも、ボランティアに来てくれる人にも、同じことを言ってたわけだし」

「みんながみんな100%納得してたわけではないんでしょうけど、置かれた環境のなかでなにがベストかといえば、やはりこの人たちがリーダーとしてやってくれるのがいいんじゃないかと。最悪の環境のなかでも、ちょっとでもよりよく過ごしたいっていうみんなの思いがあったので。

たとえば、ごはんの配膳にしたって、自衛隊から来ると、タケカズさんを中心に保育所の先生方とかも一生懸命配膳してくれたし。あとゴミだって、これは小学校との連携だけども、先生たちと一緒になって穴掘って、焼却炉に投げるもの、どこになにを投げたらいいかとか、なにを燃やしたらいいかとか、話し合っていたし。トイレの水にしても、当番を決めて、不公平のないようにみんな均等の役割を持ってもらって、一員なんだっていう意識を高めて。みんな均等にそれなりの負担を負ってもらうことによって、この避難所のなかのメンバーなんだっていう意識を持ってもらってね」

渉外担当リーダー・オイゼンさん

「この2か月はですね、復興に向けての入り口だったと思いますね。私は。

あらゆる避難所で、あらゆるコミュニケーションがあって、あらゆる出来事があったと思います。この避難所であったことを自分の人生の糧としている人は、私だけではないと思いますよ。人というものはすごいものだなあ、人間って捨てたもんじゃないなと。

そしてもう1つ。外国のメディアの方がおっしゃってましたけど、ほんとにミラクルだって。なぜこのような順番で配給を受け取れるのかと。しかも、老人子どもをちゃんと優先するようにできてるじゃないかと。なんで盗難もケンカも起こらないのかと。信じられないぐらいの統率があって、みんなでルールを守っていると。しかも、こういう三陸の片いなかで。私は、日本人でよかったと思いましたね。

それと、悲しい別れ、悔しい思いは、たくさんこの震災で経験しましたけど、この地球上に、人間という生き物で命を授かったことに感謝してるんですよ。あの辛い苦労、悔しさを抱えながら、私たちがつくってきた人と人とのつながりのすばらしさ、そして前を向いて歩こうというモチベーションを持ち続けられることの幸せ。それを多くの人に伝えられればなと思っています。特に、自分の子ども、孫たちにね」

漁師・「船長さん」

「みんな一緒なんだね。みんな裸になってしまうと、一緒なんだね。要するに、隠してもなににもないもんね。サラリーマンもなににもないもんね。みんな1つになってしまうから。

夜、大きなドラム缶を半分にして火をたいて、みんなでいろんな話をして盛りあがったのが、思い出に残るね」

59日間を締めくくるにあたって、施設部の一員として、夜中ストーブに給油し続けたユウイチさんの言葉をあげておきたい。

ユウイチさん

「つらいですよ、昨日まで元気だった人が一瞬でいなくなっちゃうんだもん。昨日まで話してた人がいなくなっちゃうんですもん。一瞬で。あれがなければ、生きている人たちですからね。

ふと思うよね。1日でいいからあの町並みに戻りたいなあとか、1日でいいからあの家に帰りたいとか。そう思いますよ。まあ夢みたいな話ですけどね。1回でいいから、またあの町並みを再現できたらいいなあって思いますけどね。そこに行けたらいいなって思いますよ。ものすごく懐かしいですね。

どんどんどんどん自分の家の上に土盛られてね、なくなっていくじゃないですか。ほんとに10分でもいいから、帰りたいね。

その点では、気持ち的にも、あれだけの大震災で、見下ろせばなにもない、爆撃されたような災害のなかでも、まあ笑っていられたのかもしれないです。そこの人間がよかったからかもしれないですね。やっぱり助け合っていたしねえ。

うん、戻れって言われれば、もう1回ぐらい戻ってもいいなって思うくらい、あの避難所に。そう思える避難所だよね。懐かしいなあって思える避難所だった。

つらいこととか悲しいことしかない避難所じゃなくてね、ちゃんと笑える避難所だった」

大切な未来へ

2

志津川小学校避難所から学べること

はじめに——コミュニティとしての避難所

これまで避難所の59日間を、さまざまな登場人物を通じて丹念に写実してきた。この章では、「志津川小学校避難所から学べること」について考えていきたい。

まず、その前提にあった、町ぐるみで防災への身構えが培われてきたことについては、ここで改めて強調しておきたい。実際、多くの人びとが地震の直後に、津波を直感し、すぐに高台に避難するという行動を起こした。この直感は、南三陸の地を度々襲った津波の経験者からの伝承、津波を想定した毎年の避難訓練、日頃の備えといったものの蓄積の上にもたらされたものである。

「『地震あったら、津波の用心、異常な引き潮、津波の用心』ってこれはことわざなんだけど、そのとおり。地震あったら逃げなくちゃない。津波あったら逃げるしかない。高台に。これはもう、鉄則。これに勝る避難はない」

このオイゼンさんの言葉に込められているように、誰もが、もしもの時に行動できる心構えを持っていたことは大きい。もちろん避難訓練のマンネリ化や津波の過小評価についての意見もあったが、地域で培ってきた地震や津波への構えがあったからこそ、コミュニティ単位でのまとまった避難が可能となり、避難所の基盤をつくったといえよう。

ただし震災以前の訓練は、避難することに力点があり、避難生活をするところまでの想定はされていなかった。それゆえ志津川小学校にも、水・非常食をはじめ、毛布などの防災備蓄品、発電機設備・燃料などの緊急用のインフラなど、避難所に必要な物資は備蓄されていなかった。行政機能が麻痺し、避難所運営のノウハウもないなかで、集まった人たちが知恵を出し合い、自主的に自治会が立ちあがり、避難所生活を円滑なものにし、学校再開への影響を最小限にとどめ、2か月弱で解散したのである。

その間、志小避難所という場が、1つのコミュニティとして機能を果たしたことが示されたのではないだろうか。市場原理や競争社会が蔓延し、個人主義や自己責任論が主張されるなかで、すっかり影を潜めてしまったといわれるコミュニティ。

だが、志小避難所では、集まった人びとにより新たなコミュニティが形成され、安心できる避難生活の場が形成された。是非はあったかもしれないが、人を隔てるような高いパーティションが立てられることもなく、お互いが顔の見える関係だったことは、「一つ屋根の下」に象徴されたコミュニティがつくられた証といえるだろう。

タカチョー会長は「その場所場所によって置かれた状況、避難してきた人たちが違うから、避難所運営には、これといったマニュアルはできない」という。では、信頼や安心のある場、コミュニティとしての避難所はどのような要素によってつくられたのだろうか。ここでは特に自治会に焦点を当てながら、1　地域の人間関係を重要視する、2　自治会の民主的運営、3　調和のとれたリーダーたち、4　ドラム缶の役割、5　「災害ユートピア」の出現、という5つの側面から明らかにしてみたい。

1　地域の人間関係を重要視する

小学校体育館は最初、いくつかの町から逃れてたどりついた人たちが、混沌として無秩序に集合しているようなカオス状態であった。

震災3日目、災害対策本部のあるベイサイドアリーナからカンパンや水が、また、徐々に各地からの支援物資が直接届き始めた。しかし、1000人ほどもいる避難者に比べて、支援物資の量は圧倒的に少なく、配給の度に長蛇の列ができたため、避難者を班分けし、班長を決めて、支援物資の配給は班長を通じて行うことにした。班分けのポイントは、「1班15名」といった定員制ではなく、家族や知り合いを核にして自由な人数で班をつくれるようにした。10人でも5人でもよい。運営管理する側は大変かもしれないが、これまでの人間関係を重視し、新しく避難してきた人にも対応できるように柔軟性を持たせた。

その結果、家族や親戚関係をはじめ、震災以前からの日々の生活でのご近所や顔見知りといったさまざまなグループが出現し、そこから班長が選ばれ、班長だけで70人ほどになった。ある高齢者は次のようにその班のことを懐かしむように語っている。

「お友だちと、から、近所の、あのなんていうの、昔のお隣組とか、そんなふうななかに入れさせてもらって。そしてその時のねえ、様子がね、これに写真がありまして…。毛布だのいただいたの、重ねて、あの、テーブルもないからコタツみたいに。そうしたら、よそのグループもみんな真似して（笑）」

寄り集まった人たちで信頼できる横のつながりによって班編成がなされ、そこがまず安心できる生活基盤となったのである。タカチョー会長は、最初のグループ割りがうまくいったことが、班内での反目を少なくし、避難所全体にギスギスとした感じをつくらなかったのではないかと振り返っている。

これらの横のつながりに縦の糸を通したのが志津川の商店主たちである。具体的に顔を見たことがなくても「醤油屋さん」「お茶屋さん」「蒲鉾屋さん」とか「どこどこ（屋号）の何代目」といった、誰もが耳にしたことのある地域の老舗店舗を担う人たちが、世代を超えて培ってきたつながりの歴史が地域にはあった。彼らが避難所をまとめるとなった時、その店の名ならば大丈夫というような信頼感や安心感を人びとから持たれていた。商店主の人びとは、頼られたことに対し、商人のメンタリティを生かし、マニュアル的・役所的な管理手法を超えたパイオニア精神で対応していくことができた。その詳細については、自治会の運営で見ていくことにしたい。

このように志小避難所では、郷土を自然に愛する住民たちが長い年月をかけて培ってきた財産ともいえる人間関係、すなわち、商店主さんたちが何世代にもわたって培ってきた「縦の関係」と、地域住民たちがご近所を中心に培ってきた「横の関係」が、意識的であったかは別として、ベースに置かれた。そしてそのことが避難所コミュニティの円滑な運営につながったことは確かである。

■ 避難所のコミュニティづくりのベースになるのは、日頃のつきあい。まず、顔見知りやご近所さんなどの人間関係を最小単位にして班をつくり、班長を選出。
■ 老舗店舗の店主など地域で周知され、信頼しやすい・安心できる人がとりまとめ役にあたる。
■ 平常時の人間関係を縦横最大限に生かした組織づくりをする。

2　避難所の民主的運営

志津川には小中高、アリーナと４つの避難所があったが「ひとことでいったら、小学校はやっぱり、みんなでしっかり情報を共有しあって、民主的だった」（タダヒコさん）ことが特徴である。

その前に、行政単位としての南三陸町そのものが津波によって破壊され、致命的な被害を受け瀕死のサバイバー状態であったことは特記すべきであろう。町職員が防災無線で高台への避難を呼びかけ続けた南三陸町防災対策庁舎。町役場の一角にあった建物には、町役場で議会中だった町長、副町長をはじめ町職員が駆けつけた。しかし、15メートルを超える津波がこの庁舎を丸ごと呑み込み、居合わせた50人ほどの町職員の内、生還できたのはたった10人ほどで、亡くなった人の多くは、課長・課長補佐など、町役場のリーダー層であった。町役場は、一瞬にして多くの幹部職員を失い、本来災害が起きた時に想定していた体制をとるにはほど遠い状況に陥った。行政関係者たちは、残された自分たちが避難所運営を円滑にできる状況ではないことを感じて、それぞれ自治的な運営主体をつくってもらい、そこに任せるということを思いついた。自治体が半ば機能不全に陥ることが自明のなかで、人びとが力をあわせ、草の根的に自治会を立ち上げざるを得ない状況にもあったといえる。

タケカズさんは、志小避難所で通常の行政機能が働かない状況だったからこそ、自分たちでやらないと、と思い協力ができたという。タカチョー会長も、自治会がなにをしないといけないかということもわからないままそれを任されたために、最初は、おにぎりを公平にわけることや、ふつう嫌がられるようなトイレ掃除やゴミをどうするか、その日に応じた対応を2、3日していくなかで、物資や配給などという役割について必要に応じながらピックアップし、そのことをお願いしていったと振り返る。自治会の役割がボトムアップ的に模索されていった様子がうかがえるだろう。

タカチョー会長のノートには、「3月19日、役場より自治会による運営への移行の確認」と書かれている。自治会による「自主運営」が決定的になったのがこの日だった。

自治会と行政の間には実は軋轢《あつれき》が当初からあった。燃油系物資がいつ入るとか、トイレの浄槽を動かす発電機がいつ来るとか、震災直後の避難者にとってはきわめて重要な情報がなかなか出てこない。それどころか、避難所を自治会で運営させる一方で、行政側は事細かに管理したがり、急を要することも事前に報告を求められ、行政の可否の判断が必要になり、自治会側のフラストレーションは鬱積《うっせき》していった。

「なんで必要なものを、直接アリーナにとりに行ったらダメなの？　急を要する時なのに……」

「もうダメだ。直訴するわ」会長は、災害対策本部に直接出向き、副町長に直談判して志小避難所を住民主導で自主運営することについて同意を取りつけた。

もちろん、不確定なことは公表できない行政側の理由もあっただろう。タダヒコ副会長は自治会として任されたのであれば、自分たちが今どういう状況にあるかをわかっている範囲だけでも情報として出してほしいと行政側に詰め寄ったけれども、煮え切らない言葉しか返ってこなかったことに憤りを感じている。

しかし、こうした行政の態度に対する不信感は、自治会運営において反面教師となった。はじめての会議では、この会議を「自治会執行部会議」として毎日朝夕2回開催すること、参加メンバーは志小避難所を構成する主要七者（自治会・行政＝町役場・学校＝小学校・自衛隊・医療＝仮設診療所・ボランティア・事務局）の代表とすること、また、会議の内容を班長さんに伝え、班長さんから班の人たちに伝えることなど、7項目を決めた。

内容は、①体育館内の土足禁止　②トイレで大便のみ水で流し、使用済みのトイレットペーパーはゴミ箱に入れる　③自治会執行部会議を朝夕行う　④清掃は毎日2回全員で　⑤自治会は、事務局の他「物資」「配給」「衛生」「施設」にスタッフを配置　⑥取材は事務局と本人の許可が必要　⑦避難者名簿で人数の管理と安否確認の問合せに対応する。

毎朝食後に開かれるようになった朝の定例ミーティングでは、関係する主要なメンバーが体育館前方のステージの上に敷かれたカーペットの上に円状に正座する。体育館と学校校舎の本日の避難者数から始まり、炊き出しや物資の搬入、道路の復旧状況までを情報として出し合い、共有し、その後、各班長に集まってもらい決めたことや情報を伝えた。

もちろん聞こうと思えば誰もが聞けるようなミーティングの開かれ方であって、別に誰かに聞かれてまずいようなこともなかったのである。

この会議の透明性は、なにかを決定することにおいても同様であった。「会議のなかではなにがベストなんでしょうねって、常にベストを選びながらやっていきました。そして、事あるごとに、こういうことがあるんですけれども、こうしたいんですけれど、いかがですかね、ってマイクで言ったことは何回かあったと思いますよ」（タダヒコさん）というように自治会で強引に物事を決めるというよりは、オープンな場所でみんなに伺いを立てるという方法をとった。タケカズさんはここでの情報開示・交換、つまり、自分たちの持っている情報を出して共通意識を培ったことこそが避難所運営を円滑にさせた鍵だったと振り返っている。

「ルールをある程度オープンで決めたからこそ『あの時オレも言ったしな』というのもあって、そういうプロセスはめんどくさいようだけど、実は大事」と、シンタローさんは、秩序を取り戻すために自分たちで決め事をする、それは日常に戻るためという自覚があったという。

さらに、最初から「小学校再開」を意識して早期解散を目指したこともあげられよう。子どもたちのため、町のため、という点でみんなが一致したこと。避難所を学校から借りている仮のすみかとして意識し、極力学校教育への影響を与えないように努力し続けた。

ユウイチさんは、決めたことに反発がなかった民主的な避難所の様子を次のように語っている。

「いろいろ決め事ってして、たとえば土足止めて床はきれいに拭いて、毎朝拭きましょう、トイレも分担制でちゃんと拭きましょう、って誰も嫌な顔しなかったんです。わかりました、やりましょう、自治会の会議をきちっとやってましたし、ラジオ体操とか、きちきちっと決められたことをやっていました」

志小避難所での決まりの象徴ともいえる「土足禁止」、そして「清掃」「ラジオ体操」とは、その他の避難者たちからも避難所生活を支えた毎日の出来事として多く語られている。生活の安心や安全と直結する「健康」や「衛生」に十分配慮がされていたこと、加えて、医療班が設置され、ノロウィルスやインフルエンザ、食中毒などに冷静に対処したことなども、避難者1人ひとりが決められたルールを守る秩序ある集団生活の形成につながったといえよう。

- ■ 避難所運営において、ものごとを決めるプロセスを開示することによって、決定事項への信頼を高める。
- ■ 情報は特定の人だけが知っているということを極力避け、オープンにして共有することに務め、風通しのよい運営を心がける。
- ■ 日々コミュニティのメンバーが参加、貢献できる活動や作業を設定する。
- ■ ルールを共有し（文章化して示す）、コミュニティメンバーの1人ひとりがそれを守っていく文化をつくる。
- ■ たとえば、学校再開（避難所の早期解散）のような目標を共有する。

■「健康」や「衛生」に配慮したルールを前提にした集団生活とする。

3 調和のとれたリーダーたち

岩手で被災地の避難所運営に関わったあるＮＰＯ法人理事が、地震災害対策フォーラムで「避難所のリーダーは権力者じゃない」と発言した。

そこに示されるように、避難所運営の難しさや課題は大きい。民主的な避難所が運営されるための効果的なリーダー像については、どのような知見が見いだされるだろうか。

アメリカの心理学者レヴィンは、児童を対象にリーダーの「専制型」「放任型」「民主型」の３つの類型についてその有効性を実験して実証している。

それによると、専制的リーダーシップは集団が命令を与えないと動かない前提に立ち、すべての意思決定をリーダーが行うため、短期的には高い生産性を達成できるが、長期的にはメンバーが相互に反感や不信を抱くようになり効果的ではないとされる。

また自由放任的リーダーシップは集団の行う行動に関与せず、組織のまとまりがなくなりメンバーの士気が低下するため生産性の質も量も三類型のなかでもっとも低いとされる。

民主的リーダーシップはリーダーの下で集団で討議し方針を決定するが、決定の過程に集団を参加させる参加型リーダーシップとも呼ばれ、長期的に高い生産性をあげ集団の友好性や団結度をあげるという。

「はじめての経験でマニュアルもない状態でリーダーとして適切に指示することができなかった。だから、適材適所に人を配置して信用して仕事を任せた。うまくいったとしたらそのことがよかったのかもしれない」(タカチョーさん)。このことはまさに参加型リーダーシップを示している。さらに、副会長2人の存在も大きい。タカチョーさんからの絶対的信頼で指名されたタダヒコさんは、対学校や対行政などの重要な場面で阿吽の呼吸でリーダーを補佐する役割を担った。「会長は、やっぱりああいう大人しい方なんで、敵があんまりいないから、会長さんの言うことなら皆そうだねって聞けるっていうやさしい、やわらかい方だし、タダヒコさんはものすごい決断が早いんですよ、物事をわりとズバッと言うので。その分バランスがとれてるんだろうと思います」(シンタローさん)。

一方若く、「新参者」的に入ってきたシンタローさんは、町民の人びとから自分がまだ認識されていないという前提で、オレンジ色のバンダナをしてノートをぶら下げ、体育館のすみからすみまで歩いて町民からの相談を「傾聴」ともとれる姿勢で受けていた。シンタローさんは、避難者に必要なものを提供しようと常につとめ、一緒についてきてくれる避難者に対し尽くしたいと思うタイプのリーダーである。

シンタローさんは、避難所がうまく運営された原因を「自治会の能力が高かったのではなく、まわりの人たちが我慢強く協力してくれたおかげ」だと言う。「輪のなかに入って一緒に馬鹿騒ぎをするわけじゃないけど、皆楽しそうでいいねって思ってる人たちが多い。それを微笑ましく見てる人たちがいると、イベントとしては、成功というか、こんなに大勢の方が参加してくれましたって言えると思うんです。自治会の運営も、まわりで見ててくれた人もあの人たちが言ったことなら受け入れようと寛容な精神がたぶんあったので、僕らは自分たちで思ったとおりに運営できたし決定的な亀裂がなかった」。

そして、その象徴的な場面が、お風呂騒ぎ事件と、卒業式を前にした全員での大掃除である。「14日目」のお風呂騒ぎ事件は、ステージ上でシンタローさんが怒鳴っている様子をかたわらから見ていたユウイチさんは、お風呂を楽しみにしていたお年寄りたちが、正義感を持って自分たちの代弁をしてくれたシンタローさんに拍手を送っていたことを記憶している。また、「17日目」の大掃除についても、このことをリョウコさんは「みんなきちんと自分たちの荷物をたたんでよけて、いつ号令が来てもいいですよって待っていたみたいで、シンタローさんは泣いていました」と振り返る。

避難所の困難さを述べていた冒頭のNPO法人理事長は「いい民主主義は善良な独裁者がつくるのかもしれないが、やっぱり（1人だと）疲れてくる。1人ではなくサポートをつけながらチームでそれを実行する、弱い立場の方の声を必ず拾うような訓練をしていただけたらと思う」と語っていたが、まさに3人の選出されたリーダーたちの役割はそのものだったといえるだろう。

もちろん3人のトップ・リーダーに続くサブ・リーダーたちの存在も大きい。

震災3日目の3月14日に会長・副会長が選出され、翌朝はじめて自治会・学校・行政・自衛隊・医療・ボランティア・事務局の七者による代表者会議で避難所生活ルールが策定される。「衛生」を第一に土足厳禁とトイレの使い方、「物資」「配給」「衛生」「施設」にスタッフを配置することを決めている。

「自治会ができて、どういう仕事が必要ってなった時、発電機が来たら機械に詳しい人が必要だよねとか、物資がいっぱい来たから物資1人じゃ足りないから、配給するもう1人必要だよねみたいな、だんだんやっているうちに、この仕事に誰が必要で、そこに誰がいいって言って、あの人にお願いしようとか、それだったらあの人はこういう仕事やってたからやれるんじゃないってことをまあ、みんなで知恵出してやって、だんだんこう人を増やしていってもらったみたいな感じですね」(シンタローさん)

スタッフは執行部からの一本釣り的な指名であり、多少なりとも気心の知れる人びとが「一肌脱ぐ」的に加わっていった。のちに自治会の役割は組織的に明確化されていくが、物資に配置されたタケカズさんは、タダヒコさんからの声かけを、鶴の一声とあらわした。

「やっぱり得意分野や専門分野の人がどのくらいいるか、その人は頼める人間かを見極めないとダメなんですね」というヤスノリさんの言葉どおり、ほぼ適材適所が遂行された。ふさわしい人がいればどんどん役割を割り振ったというように、役割を任された人は必ずしも知り合いに限らなかった。また人選には心身が傷ついて弱っている人への配慮もなされた。

もちろんタカチョー会長の「一切お任せしてもう…ねぇ。正解だと思いました」を基本姿勢とする全面的権限委譲する参加型リーダーシップがそこにはあった。このリーダーは、自治会内部の権限委譲をするだけではなく、その後も外部、すなわち行政や自衛隊、マスコミや支援者などといった〝外の力〟にもお願いをして上手に運営に巻き込んでいる。

こうして自治会のなかに「他者に対する信頼の文化」が醸成されていった。タケカズさんがノゾミさんのことを同志と呼んだように、土地や縁故などにこだわらず、新参者であっても信頼に足るかどうかを見極めて人とつながる力がきわめて高かったのは、商売人たちの気質であったのだろう。

とにかく、任された人たちがそこでそれぞれ能力を発揮し、やれることは臨機応変に、必要であればその場その場でルールを決め、必要に応じて自分の発想で工夫しながら役割を担っていた。調和のとれたリーダーたちの姿がそこにあった。

特に物資関係は、予測のつかない事態がたくさん起こった。

1つは、大量に届く救援物資の保管スペースだった。極端な日は、2トントラックが朝夕に1台ずつ来る状況で、スペースがなくなってきたため小学校の教室を計3室借りることになり、学校側からもこれ以上は勘弁してほしいといわれていた。

救援物資は、必要な量が十分に届けられたわけではなく、人数分揃っていないことも当たり前のように起きていた。しかし、志小避難所ではとりあえず必要なものは配ることを優先し、「とりあえずほしい」という避難者の気持ちを重視した。なるべく工夫して配るために手間を惜しまない協力が、それを支えていた。

物資の仕分けは、ある時期を過ぎると、経験を積んだボランティアに任されていった。避難所の女性たちが集まって、女性用の衣類を仕分けた。また、避難者の要望を直接聞いて回り、ピンポイントで届けたりもした。こうしたボランティアベースのきめ細かな気遣いも、寒くて不便な避難所生活を送る人たちに届けられたのだ。

他の避難所との連携も密にした。特に志津川中学校と志津川高校とは連絡をとりあって、情報を共有したり、必要なものをできるだけ融通しあうようにした。

紋切り型の平等ではなく必要に応じた物資の配布、整理のための人員配置、在庫管理の徹底には、商人としての発想が大いに発揮されたといえるだろう。

■ サブ・リーダーに権限委譲する、民主的な参加型リーダーシップ。避難者たちはそれを受け入れついていくフォロワーシップ。
■リーダーたちによる記録保存（ここではシンタローさんのみ取り上げられたが、タダヨシ、タカチョウ、オイゼンさんらによる「ノート」、シンイチさんによる写真記録など）。
■コミュニティづくりにおいては、ふさわしい人と思われる人に役割を任す。信頼に足るかどうかを見極めて人とつながる力があれば、任された人はそれぞれ能力を発揮し役割を担う。
■外の力（行政、自衛隊、マスコミ、外部からの支援者）を上手に借りる。
■やれることは臨機応変に、必要に応じてその場その場でルールを決める。

4　ドラム缶の役割

志津川小学校避難所自治会のメンバーたちは、解散したあとも「ドラム缶の会」という愛称を使って集まった。

この「ドラム缶の会」とは、震災当日、体育館に入りきれず外で過ごす人たちが暖をとるために体育館の入り口そばに置かれたドラム缶のことである。その火は、志小避難所初日から解散までの59日間絶えることがなかった。ヤスノリさんの発案で灯されたドラム缶の火守り役をずっとやっていたセイキさんは、最初避難してきた単身赴任の銀行員などが「(自分は) よそ者なんで

（避難所には）地元の人に入ってもらえれば」とドラム缶のまわりで過ごしていたことを記憶している。また、いびきがうるさくて迷惑がかかるからという人もいた。セイキさんも避難所の外でずっと寝泊まりしていたが、最初の3、4日は、体育館の外には十分に情報が伝わらず配給などから外れた体験をしている。

暖や灯りを供給したドラム缶の周囲は、当初から体育館という正式な場所に入りきれなかった人たちの寄せ場的な役割を果たしていたといえる。セイキさんは3日目の夜頃からそこで「仙台の自宅に一度帰ってみたいので歩いて行ける山道を教えてください」など避難者の個人的な相談を受けていた。

自治会が発足したあとは、そこで支援物資のお酒を飲むことができるようになった。このことは、秩序ある体育館のなかとは別の空間をつくる役割を果たしていた。セイキさんはそのことを「ヤミ行為」と表現して始まりを次のように語った。

「で、皆夜も退屈じゃないですか。ただ火を見て、黙ってね。何人か、そう、火のまわりにいた連中がね。たまたまあった紙コップ、それを捨てちゃうと、次に飲めねえので。ちゃんと次の晩までとっといて」

最初は体育館からあふれた人たちが囲んでいたドラム缶であるが、自治会が発足し避難所運営が始まってからは、自警の拠点として防犯の役割を果たすようになっていく。

施設担当者たちは、夜12時までドラム缶を囲んで夜警をし、それから体育館のなかのストーブ十数個に給油してから休んでいた。夕食が済んでから夜中までの間、火を囲んで酒を交わしながら話をするようになり、そこに昼間は避難所運営をやってきた人たちが自然と集うようになっていったという。

タカチョーさんはすすめられたお酒を最初の頃は自粛していたが、暖をとりながら、どうするこうすると話しながらいただくようになったという。タダヨシさんも酒を飲みながらの情報交換が昼間の会議と違った意味で非常に大事だったと振り返る。

ノゾミさんは、唯一ドラム缶の時間だけは避難所の中心となっていた人たちと年代や性別を超えて話ができ、そのことが本当によかったという。日中はゆっくり「こういう声があんねん」とか「こうしたらええんちゃう」としゃべる時間はないけれど、唯一ドラム缶のまわりでは「私こうやと思います」「なんでこうなるんですか」「もっとこうしたらええんちゃう」と遠慮なく話すことができたという。日中は女性や子ども、高齢者に関わることで精いっぱいであった彼女が、声をあげにくい立場にいる者の声をリーダーたちに届ける場でもあったのだろう。

シンタローさんは、1日中くたくたになって、日常では腹を割って話すタイミングもないけれどもそこでは身の上話やプライベートな話ができたという。

非日常のなかで体を張って働いてきた人たちが、その渦中から脱して、1日背負った荷物をおろして、1人の人間に戻っていき、人間同士のきずなを築く時空が夜のドラム缶を囲んだ時につくられていたといえよう。「ドラム缶を囲んではバカな話しかしていない」「宴会になったりしていた」（タダヨシさん）というのも、非日常が日常化していたからであり、そのなかから日常を取り戻していく作業が毎晩のドラム缶の炎を囲んで行われたのではないだろうか。つまりドラム缶は「非日常の非日常」の象徴であったのだ。

ノゾミさんは、避難所のなかで酒を飲んだら泣き出したり、気持ちが崩壊してしまう、そういうぎりぎりの状態の人たちのために、避難所運営の核になる人たちは動いていたから、その人たちが「とりあえずビール」っていえる場は必要だったという。

この大人たちの様子を特殊な組織と感じ、会釈して通り過ぎていた当時中学3年生のソウタさんは、なにをしていたのかなとは思っていたと記憶している。「お昼間はせっせと働くお兄さんおじさんたちが、夜になると火があがって、賑やかな声がするぞーみたいな」

シンタローさんはドラム缶の火をキャンプファイアーに例えて、火を見ると気分がハイになり、いろいろなことを話せたという。セイキさんも、人の目を見て話すことが得意じゃない人たちも、火越しに、火を見ながらであれば、自然としゃべれるということが多かった、同じ町内に住んでいて、今まではしゃべったこともない人でも、ドラム缶を囲んで知り合いになったパターンが多かったという。

避難所にいた人びとは、一部では顔見知りだったり、代々商売をしてきた関係でなんとなく知っているという関係はあったにせよ、多くはしゃべったこともない間柄であった。また、シンタローさんやノゾミさんのように震災を機会に外部から来た人もいた。避難所という「日常化した非日常」からやや離れた外部にあったドラム缶の火は、同じ火を囲むことで人と人をつなぐ役割を果たしたのかもしれない。

「すんごい、いい顔していたよ、みんな。んー、日中はばたばたとすべてに追われている感じがするけど、ドラム缶囲んでいる時って、みんなすごいやわらかい顔しているの」。ノゾミさんの表現する「みんな」こそが避難所で生まれた新たなコミュニティの象徴なのだろう。

奇しくもソウタさんが「特殊な組織」と表現したように、ドラム缶が提供したのは、非日常が日常となっている避難所とは違う時空だったといえる。自治会の人たちが夜の帳《とばり》が降りると避難所を離れて集うことができる憩いの場所でもあった。そしてそのような場が機能していることを、自治会の人たちを頼りにしていた多くの避難所の人びとが承認していたということである。

電気も水もないなかで、火を囲んで、飲みながら、知りあったり、笑ってバカな話ができる時空は「非日常の非日常」、ふつうの感覚を取り戻す作業をするところであったのかもしれない。あるいは、自分たちの直接的な体験を振り返って語り合い次の活動に活かすような場、社会科学で言われるところの「再帰的」な場だったのかもしれない。こうしたところだからこそ、リーダーたちに向けてなかなか声をあげられない、弱者の立場にある人びとの声が届けられたのかもしれない。

さらにそこで旧知でなかった人たちも含めて、仲間のきずなが深まり「ドラム缶の会」とのちに称されるつながりが生まれた。

最後に付け加えておくと、避難所生活で避難者の誰もが非日常のなかの非日常の体験を通して、癒されたり力を得たりしていたのではないだろうか。著名人の慰問だったり、食べたこともない料理の炊き出しだったり、そこで盛りあがることで、将来への不安や希望をはじめて語ったりできたという話も聞く。

避難所運営にあたった人びとにとってのドラム缶は、恒常的にその役割を果たし、コミュニティを裏から支えたのではないだろうか。

■ 日々の避難所運営が大変であっても、声をあげられない弱い立場にある人たちの声を聞く機会や場を設ける。
■ 非常事態が日常である場合、そこから息抜きができる、ほっとできる場所（その象徴としてのドラム缶）をさまざまな形で避難所に確保しておく。

■ 避難所の人びとが、自分を語ることなどで「日常」を取り戻すために、避難所という非日常的な生活のなかに、非日常的な仕掛け（ドラム缶という場や、エンターテイメントなどの機会だったり）をつくる。

5 「災害ユートピア」の出現

「災害ユートピア」という言葉が一般的に普及したのは、レベッカ・ソルニット（高月園子訳）の『災害ユートピア―なぜそのとき特別な共同体が立ちあがるのか―』（亜紀書房）が2010年に出版され、東日本大震災後に注目されたからではないかと考えられる。

「災害ユートピア」とは、危機において被害当事者や救援者たちの間では、利他的で相互扶助的な共同体が自然発生的に形成されることを指し、すでに災害研究の専門家のなかでは承認されてきたものであるという（傍線筆者）。

「危険や喪失、欠乏を広く共有することで、生き抜いた者たちの間に親密な第一次的グループの連帯感が生まれ、それが社会的孤立を乗り越えさせ、親しいコミュニケーションや表現への経路を提供し、物理的また心理的な援助と安心感の大きな源となる…人びとはこのように、以前には可能ではなかった明白さでもって、すべての人が同意する、内に潜んでいた基本的な価値観に気づくのである」（同書155頁）

人びとが自然状態になると敵対しあうというのは、国家秩序の正当化の理論であるが、与えられていた秩序がなくなれば、人びとは自生的コミュニティを立ち上げ、相互扶助のシステムが作動し始めるのである。逆に社会秩序が作動し始めるとその必要がなくなるため、一定期間で「災害ユートピア」は消失するものとされている。

これを志小避難所にあてはめてみるとどうだろうか。確かに、行政の機能不全からのスタートは条件が重なっている。具体的にどのような「災害ユートピア」的な経験がされたのだろうか。

タダヨシさんは、当初から、避難所全体が1つの生命体であって、そのなかの細胞のように感じるから自我のようなものが出てこなかったという。だから、目の前のここ（避難所）にいる人たちのことを（たとえば家族の安否よりも）優先したことは、人間の本能のようなものに感じている。底を見た人間は再生する時に、その回路が人間に備わっていて、パソコンに例えるとリセットの状態になり、ＯＳがキュンキュンと軽くなるのだという。

「こう苦労して重い荷物背負ってね、やってたことがね、一切なくなるからね、軽いんだよね。その時はやさしい気持ちになれて、寝なくてもなにしなくても、避難所のためにできるっていう部分はあったと思いますよ」

逆にだんだん環境が整って、再建が始まると、いろいろなアプリケーションをダウンロードして、クオリティの高いソフトなどを入れ始めたようにだんだん重たくなっていって、毎日がまた辛くなっていくという。

自治会運営の中心を担ったタダヒコさんは、当初の緊張感から穏やかになっていき、大人たちが安定感を持つようになるなかで、体育館を走り回ったり歓声をあげて遊ぶ子どもたちの様子を見ながら、昔の長屋的な近所づきあいを思い出して懐かしい感じがしたという。

「一つ屋根の下」のつながりを感じた人はオイゼンさんの他にも多くいる。シンジさんは、ラジオ体操や一斉清掃ができてまとまっていったのは、一つ屋根の下だったからだという。また、その一つ屋根の下の感覚の要素にパーティションのなかったことをあげる人もいる。

ユウイチさんは家族という言葉でそれをあらわす。

「誰かがやっぱりみんなのことを思う。みんなが思ってやってたかもしんない。自分のことだけじゃなくてねここにいるみんなのためにとかね。そういう頭でみんな働いていたのかもしんない。だからもう家族だよね。もう全然最初は知らない顔の人でも、何か月もいると顔見知りになるし、ちょっと寝ている人を見かけると具合悪いの？　大丈夫？　って声をかけてたしねえ、いい家族でしたよ」

一世代若いシンタローさんにとっては、新しい、経験したことのない、不思議な感覚で、非日常だったかなと振り返る。

「正直言えば、そこまで人間関係だったり、みんなの見ている前で頑張るとか体験としてない」からだ。「なんか、やっぱ全開でしたよね。朝起きて、エネルギーが切れるまで動き続けるというのは。日常ではそこまでエネルギーを使うものが存在するかなって」。

普段であれば、道具や手段もあるからそこまで一生懸命やらなくてすむものも、なにもないからやらざるを得なくなる。けれどもその非日常に対して自動的にスイッチが入って、アドレナリンが出て疲れない。これはタダヨシさんの「興奮状態になって、急場をしのぐ仕組みが人間のなかにあるのかなって思うくらいみんな逞しかった」に対応するだろう。シンタローさんはそうしたトランスに似た状態は、寝たり、食べたりという日常の活動を通して徐々におさまっていったという。

中学生だったソウタさんにとっても、避難所でのみんなが協力して生活しようとしたスタイルが1、2週間でできあがり、最後まで継続したというのははじめての体験だった。

被災したことがきっかけとなりさまざまな活動を以降も続けているソウタさんにとっても「今から同じ状態で完全再現しますといわれても絶対無理」で、その時その場にあった意思疎通、世代や社会的関係を超えた信頼関係が活動を通して生まれたので、貴重なオンリーワンの体験であり、その時にいた人びとと理屈を超えた根っこでつながったという。

そして、パーティションが最後まで一度も使われなかったことも、利他的コミュニティを象徴するものの1つと言えよう。

もちろんあった方がよかったと心中思っていた人が全くいなかったわけではないだろう。また、そうしたパーティションを寄付したいという申し出を受ける場面も何度かあったという。しかし、最終的な避難者たちの総意としては、なくていいという選択をし続けたことは、逆に区切られることによってできる隔たりを回避しようとした安心できる利他的コミュニティが出現していたともいえるだろう。

志小避難所でも、緊急事態のなかで利他的コミュニティが立ちあがり「災害ユートピア」的な状況が、ある人によっては懐かしかったり、若い世代の人たちにとっては新しい経験として語られた。そしてこれらの経験は1人ひとりの価値観や、その後の生き方に少なからぬ影響を与えている。

■非常事態のなかで通常は起こり得ないと思われていた〝利他的で相互扶助的なコミュニティ〟が志小避難所でも立ちあがった。「災害ユートピア」的な状況が体験され、大事なこととして受け止められた。
■安心できる利他的コミュニティができていれば、避難所にパーティションがなくてもいい状態になる。

6　おわりに――図表　志津川小学校から学べること

ここまで、信頼や安心のある場、コミュニティとしての避難所がどのような要素によってつくられたのかを、避難所自治会に焦点を当てながら、5つの側面から考えてきた。

タカチョー会長は、志小避難所の事例がどこかの避難所に適応することでは全くないと断ったうえでその地域に合った避難所運営が必要であることを何度も強調していた。ここでも人が安全で安心できるコミュニティがどのような要素でつくられたのかを抽出することにとどまっているかもしれない。

しかし、緊急時にこのようなコミュニティが立ち上げられたことを是非参考にしていただき、少しでもヒントになることを願いたい。

表はこの章の要点を図表にまとめたものである。

表　志津川小学校避難所がコミュニティとして機能した5つの側面

1	地域の人間関係を重要視	平常時の人間関係を縦横最大限に活かした組織づくりをする
2	民主的避難所運営	情報共有、決定プロセスを開示し、ルールや目標、役割などを臨機応変に決め共有する
3	調和のとれたリーダーたち	民主的で参加型のリーダーシップ、「信頼の文化」のもとで権限を委譲したり、外の力をうまく借りる
4	ドラム缶の役割	非常事態の日常から距離を置くことのできる場や機会を確保する
5	「災害ユートピア」の出現	利他的で相互扶助的なコミュニティの経験を大切にする パーティションがなくても成立するコミュニティ

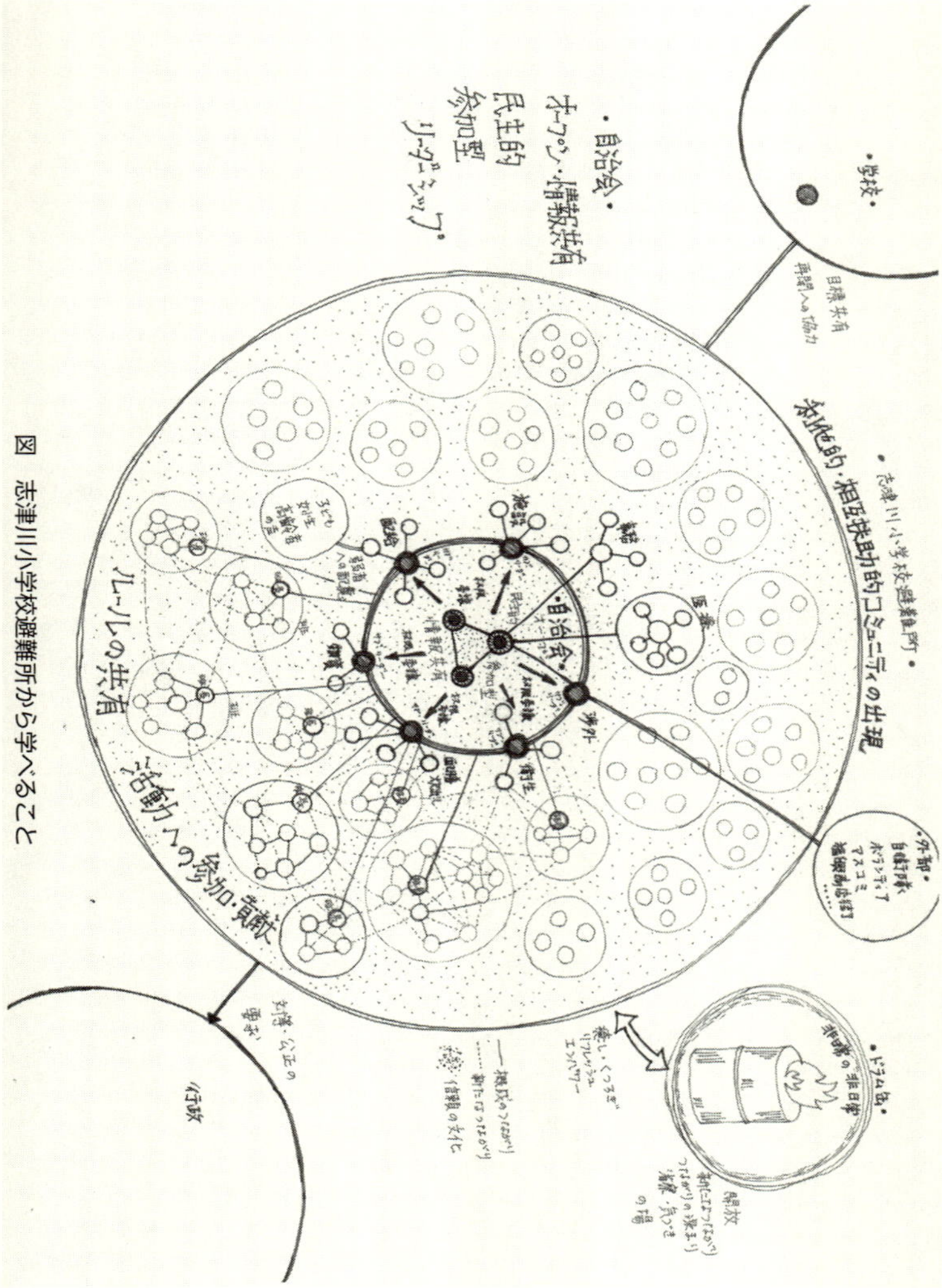

図　志津川小学校避難所から学べること

※拡大してご覧いただけるPDFを南三陸「志小避難所自治会記録保存pj」情報公開サイト
（https://www.facebook.com/shisyohinanjyo/）からダウンロードいただけます

3

志津川小学校避難所からの5年

1　南三陸町の5年

２０１６年３月、あの震災から５年の月日が流れた。町は復興への歩みを進めている（本章は２０１６年３月に書いたものである。したがって、町の状況や人びとの活動は、その時点を基準にしている）。

いまだ約３７００人が58か所の仮設住宅での生活を余儀なくされているが（２０１５年10月時点）、その数は徐々に減少しており、高台移転造成工事として、災害公営住宅や防集団地の建設が進められている（２０１６年10月時点での仮設住宅は58か所、２２７７名）。

小中学校では津波により全壊被害を受けた戸倉小学校の新校舎が平成27年に完成し、小学校５校、中学校2校すべての復旧が完了した。２０１５年12月には南三陸病院が開院し、２０１６年10月30日には三陸縦貫自動車道の志津川インターチェンジが開通した。

産業を見れば、すべての漁港において復旧工事に着手しており、漁港水揚高は震災前の水準に戻った。商店街・交流施設は以下の時期にオープンした。ただ、ここでオープンした商店街は期限の決まった仮設店舗であり、このあとの移転予定地が住民の居住地から離れているなどの問題を抱えている。

２０１１（平成23）年12月　伊里前福幸商店街オープン
２０１２（平成24）年２月　南三陸さんさん商店街オープン
２０１３（平成25）年８月　南三陸ポータルセンター（交流促進施設）オープン

写真47　復興が進む志津川市街地（2015年11月）　©佐藤信一

2014（平成26）年4月　アーカイブ施設「南三陸ストーリー」オープン
2017（平成29）年春
（新）南三陸商店街オープン予定

また、南三陸町では、震災以前より、恵まれた豊かな自然を活かしたグリーンツーリズムやブルーツーリズムなどの体験観光に力を入れてきた。

廃校になった小学校の木造校舎を改装してつくられた「校舎の宿　さんさん館」では、農林業体験や漁業体験など1年を通して100種にものぼる体験メニューを実施してきた。こうした流れを継承し、現在では、津波災害を体験した語り部による学びのプログラムやさまざまな体験ツアーや体験プログラム（民泊体験、養殖漁業体験、林業体験、そば打ち体験など）を実施している。

このように南三陸町では町の新しい姿が計画され、徐々にそれが形になっている。人の流れも変わっていく。しかし、変わっていく町並みに複雑な思いを抱く人もいる。

沿岸地域で10メートルに及ぶかさ上げ工事が急ピッチで進むなか、防災対策庁舎を保存すべきか解体すべきかという議論が注目された。

町の災害対策本部が置かれた防災対策庁舎は3階建てで12メートルの高さがあった。当初津波の高さが6メートルと予測されていたため、多くの防災関係者が防災対策庁舎内にとどまった。しかし実際には16メートルを超える津波が押し寄せ、行政関係者ら43名の犠牲者を出した。防災対策庁舎を震災遺構として保存するか解体するかの議論が続けられ、いったんは解体が決まった。しかし、保存を望む声が多く、２０１５年６月、防災対策庁舎を２０３１年までは県有化し保存することとなった。

この点に関してシンタローさんは、防災対策庁舎の保存に賛成であった。しかし、そのことよりもきちんとした議論がなされていないことが問題だったと言う。

「議論したかったわけですよ。自分の主張を押し通して、防災対策庁舎を県有化するという結論がほしかったんじゃないんです。俺はこう思うけど、本当にどう思いますかっていうことをやりたかったんです。（中略）だから、感情的なケンカじゃなく、意見を戦わせる議論をこの町はもっとやった方がいいと思うんです」

写真48　高台移転が進む住宅地（2016年6月）　©佐藤信一

自らも被災地の写真を撮り続けているシンイチさんは、広島の原爆ドームと重ねつつ、防災対策庁舎を残すことの意義を唱える。

「折しも今日（8月6日）は原爆の日ですよね。あの原爆ドームっていうのはやっぱり見ているだけで、こういろいろと想像がかき立てられるって言うか。その時の様子はもちろん私にはわからないけれども、あれを見ると、70年前のあの時どうだったんだろうな、ああだったんだろうなってそれぞれ思いを巡らすと思うんだよね。同じように、防災庁舎を見上げた時も、あの時どうだったんだろうって思いを巡らすと思うんですよ。そういう場所があるというのはすごいことだと思うんですよね。（中略）それとまあ、自分が撮ったから言うわけではないですけど、原爆ドームと明らかに違うのは、その時の映像が残っているって言うことなんですよね」

避難所での59日を経験してから5年。避難所にいた人たちは今、復旧・復興が進む町でさまざまな思いを抱えながら生きている。

2　商店街の人びと

第1章、第2章でみてきたように、志小避難所の運営は商店街の人びととの結びつきによるところが大きい。

震災前、商店街は町の中心であった。駅前商店街、シンイチさんの写真スタジオやタダヒコさんのお茶屋があった五日町商店街、オイゼンさんの店があり「おさかな通り」として多くの観光客を集めた南町商店街など全部で6つの商店街が存在し、それぞれがさまざまな催しを企画し活気にあふれていた。タダヒコさんはその賑やかさを次のように語っている。

「やっぱり商店街って地域コミュニティの中心的な部分なんですけど、震災前もお祭りとかやるのも商店主が多くてですね、商店街は6つあったんですけど、商店街ごとになんとか祭りとかなんとかフェスティバルとかやっていたんですね。それで、商店街のお店と居住地のまわりにはお客さんの住む場所もありましたので、その行事やるのは一緒にやって、交流の拠点みたいなものになっていたんですよね」

しかし、海に近い地域にあったこれらの商店街は津波に流されてしまった。

町の中心であった商店街を1日も早く復興したい、それは店主だけではなく町の人びとの願いでもあった。その願いに後押しされて実現したのが「福興市」である。

福興市は被災した商店に出店の機会を与え、人びとに買いものの場を提供することを目的として２０１１年4月に第1回が実施された。この際、全国の商店街関係者の助け合い組織「ぼうさい朝市ネットワーク」の支援を受け、町外からの出店や出品も多かった。

その後、福興市は毎月最終日曜日の恒例行事となり、２０１６年12月時点で60回以上開催されている。徐々に店舗数が増え、音楽やダンスなどのステージイベントも開催され、町外からの買い物客も増えていった。町の名産であるタコ、ホタテ、カキなど毎回違ったテーマを決めて開催され、福興市は「復興のシンボル」「南三陸の元気の源」と言われるほどの賑やかなものとなっている。やはり、商店街は町の中心であり、「交流の拠点」なのだ。タダヒコさんは福興市の意義を次のように語る。

「(商店街の復興を考えるにあたって) 原点は福興市ですね。で、福興市がやれたのは『ぼうさい朝市ネットワーク』っていう東京の早稲田商店街を中心として、全国23商店街かな、と災害の折には助け合いましょうっていう協定を結んでいました。それが機能したって形ですね」

そして、福興市を足がかりとして、期限つきでプレハブづくりの仮設店舗ではあるが、念願の「南三陸さんさん商店街（南三陸志津川福興名店街）」が2012年2月25日（土）にオープンした。

あいにくの大雪の天候にもかかわらず、オープンセレモニーは盛大に実施され商店街のオープンを待ち望んでいた多くの人びとで賑わった。2016年3月時点で32店舗が店を構える。さんさん商店街の目玉となっているのは、イクラやウニなど季節によって変わる旬の地元食材でつくる「キラキラ丼」である。キラキラ丼効果もあり、さんさん商店街は東日本大震災で被災した地域のなかでも多くの観光客が押し寄せる人気の商店街となっている。徐々に観光客の数が減っているとは言えいまだ人気の高い商店街についてオイゼンさんは次のように語っている。

写真49　大雪のさんさん商店街オープン

©佐藤信一

「その商店街なんですが、当初からですね、我々の予想以上に大勢のお客様にお越しをいただきまして。ほんとにびっくりするくらい。そして商売もですね、させていただいて、感謝してるんです。それで人数のピークは過ぎましてね。去年（２０１４年）からですね、徐々にお客様の数は少なくなってはいます。それでもですね、被災地の商店街としては大成功のナンバーワンと言われておるんですね。それで、25（２０１３）年度に「がんばる商店街30選」という賞をいただきました」

（「がんばる商店街30選」とは中小企業庁が、地域の活性化などに貢献している全国の商店街を選ぶものである）

さて、仮設店舗であるさんさん商店街は、２０１７年3月には、10メートルかさ上げされた海岸近くの商業地域に常設店舗として移転する予定である。

オイゼンさんによるとさんさん商店街の８割の店舗が新商店街に移る予定だが、残りの２割は他の地域への移転や閉店をすると言う。高齢化と過疎化に加え、震災による人口流出が進み、数年後には人口が1万人に満たなくなると予測されるこの町で、地域住民を顧客として商店街を存続させていくことは難しいのだ。したがって、商店街の存続のためには、観光客などの交流人口を増やすことが必要となる。そのためには町全体を「興味ある地域」にして、研修や観光で人びとが集まってくる仕組みづくりが必要だとさんさん商店街の初代組合長であるオイゼンさんは言う。

しかし、そのことは理解しながらも、やはり町の人たちに喜んでもらいたいという思いも強い。特に和洋菓子屋のタケカズさんは繰り返し、町への思いを語っている。

「ここで商売をするってことは、地域の人たちを喜ばせたいって思いがあってやってるんです。だから、売り上げがあればいいって問題じゃなくて、次のこと考える時に、観光商店街ってよくみんな言ってるんだけど、自分はこの地域で商売をしてる以上は、地域の人に喜んでもらいたい」

タケカズさんがこのように考えるのは、自分の店でパンやお菓子をつくって地域の人たちに喜んでもらうことが、自分の役割であり地域への貢献だとする信念を持っているからである。

「ただ、自分の役割として、ものづくりを通してなにか貢献、この町に対する貢献ができればな……（中略）やっぱりいずれは、地域のパン屋、地域のお菓子屋を目指して。やっぱりものをつくる者とすれば、うまいって喜んでもらえるのが一番なんですね。だからそういうものを、そういうふうに言われるものを提供し続けたい。それがやっぱりこの町に対する、自分ができることなのかなと」

オイゼンさんや、タダヒコさん、タケカズさんに代表されるように、商店街の人びとは常に前を向いている。店舗を流され、機械を流され、タケカズさんは菓子職人の命とも言えるルセット（レシピ）を失った。以前とは違った環境で商売を始めることは並大抵のことではないはずである。それでも、商店街の人びとは前を向いて進んでいる。それは自分のためだけではない。タダヒコさんの言葉にも、オイゼンさんの言葉にも、タケカズさんの言葉にも商店街や地域への思いが込められている。こうした地域への思いを口にするのは、避難所での経験と無関係ではない。

オイゼンさんは、避難所経験がなかったら自分はもっと利己的だったかもしれないと述べる。避難所では「外務大臣」として渉外を担当したオイゼンさんは、持ち前のユーモアを交えて、さまざまな機会にその経験を町外の人に伝えている。その原動力はこの避難所での経験にあると言ってもいいだろう。

「この避難所を経験しなかったら、今の私はこんな存在ではなかったかもしれないですね。もっと利己的で。まあ、商売は必ず続けて、かまぼこ屋も再開してたでしょうけども。このようにですね、皆さんの前で今までのことを感慨深げに、ある意味では楽しげにですね、お話しなんかはできなかったかもしれませんね。すべてはやっぱりあの2か月、みんなで体育館で暮らしたっていう、あれがですね、自分を形成してるって思いますね」

また、タケカズさんは、避難所での経験から、自分がまわりから生かされているいう思いが強くなり、そのことを子どもの世代に伝えたいという。

「自分が今いる、これからがあるっていうのは、結局まわりから生かされてる。だから自分が生きていられるし、これからもある。そういうふうに思わねえと違うのかなって。それは子どもにも震災後伝えたし、子どもがどういうふうに次の代を担うかはわかんないけど、そこは決してぶれてはいけない部分ではあると思う」

避難所には、第1章で述べたようにタダヒコさんが「長屋的なもの」、オイゼンさんが「一つ屋根の下」と表現する人と人とのつながりがあった。それは、2人が子どもの頃に体験していたような、互いが互いを思いあう人間関係であった。

3 若い世代の人びと

避難所には多くの小中学生が避難していたが、避難所運営を手伝っていたのは当時中学生のソウタくんだけだった。

現在大学生となったソウタくんは学習支援などのボランティア活動に積極的に関わっている。

また、地元商店街の人たちが多い避難所自治会メンバーのなかで、町から離れて暮らしていたシンタローさんは数少ない「よそ者」であった。シンタローさんは現在、もっとも若い町議会議員として活躍している。

2人とも避難所生活は、一時的なものではあったがそれ以降の地域づくりに決定的な意味を持ったと言う。つまり、避難所生活は、その後の二次避難、仮設住宅、高台移転と続く一連の復興過程の最初の59日であるが、その後を決定づけた重要な経験として日数以上の意味を持っていると言う。

ソウタくんの「(避難所は)始まりではなく、ゴールだと思う」という言葉は印象的であった。具体的に、「核として大きなまん丸い避難所経験があり、そこからしずくが落ちたり、新しいしずくがくっついたりして今に至っている」というイメージを語る。つまり、ソウタくんのなかには今でも避難所経験が大きな球体として中心に位置している。それは一連の流れの「始まり」ではなく、それだけで完結しており、その後の土台として位置づいているのだ。

そして、こうした経験をすることで、地域に対する見方や帰属意識が決定的に変わったという。大学でボランティア活動を行っているのも、人と人とのつながりを感じた避難所での体験が大きく影響しているからだ。

「たぶん震災を経験した同級生みんなが言うのは、将来は南三陸のためになら帰ってきたいねっていうのがあります。自分もこの避難所があったからこそ地元の方々の生活とかこれまでの生き方とかつながりとかを学ばせてもらいましたし、これからまた自分が別の形でそれに携わっていくことができるんじゃないのかなって思ったりしますね」

一方、シンタローさんが町議会議員への立候補を決めたのも避難所での人間関係があったからである。シンタローさんは町の復興について、夢を語ることの大切さに言及する。若い世代の人たちが声をあげて発言し、「夢物語」と揶揄《やゆ》されそうな町の未来像をわくわくしながら語ることができるならば、町は変わっていけるのではないかと考えている。そして、そうした夢を、上の世代の人たちが見守り、応援してくれるということを、避難所での経験で学んだのだ。

「そういうことを避難所で教わったというか、避難所でそう信じさせてくれた人たちと僕は多く出会えたんで、小学校の避難所で僕は恵まれてたなと思います」

当初ほとんど知り合いのいなかったシンタローさんと避難所自治会メンバーの距離を縮めるのに一役買ったのがドラム缶の会であった。ドラム缶の会は避難所のなかで一種独特な空間であった。

シンタローさんはドラム缶の会を「非日常のなかの非日常」と表現する。「避難所にはプライバシーがないから、逆にプライベートなことは話さない。ドラム缶の会だけがプライベートなことを話せる場だった」と言う。そして、「よそ者」だったシンタローさんの生い立ちなどをいろいろ聞かれて話す場となった。ドラム缶の会は、避難所から少し離れたところに位置し、避難所の「非日常」をしばし忘れられる「非日常のなかの非日常」としての空間だったのだ。

町議会議員として活動するシンタローさんは、これからの町は、持続可能な町を目指すべきだと言う。先にも述べたとおり、震災により町の人口は減少し、商売や仕事を辞めざるを得ない住民も増えている。こうした状況で町を維持するためには持続可能な、コンパクトで循環的な町を目指す必要があると考えている。「持続可能」という言葉はユネスコなどの国際機関でも用いられ、耳にする機会も多かったが、以前はピンと来なかった。しかし、今は実感がともなっているとシンタローさんは言う。

「(人口減少が進むのは仕方のないことなので)少ない人数でどう町を回してくのかということを真剣に考えていかなきゃいけない。(中略)だけど豊かさとは違うところにあるんじゃないの、この町の価値観ってなんだろうねっていうことをちゃんとみんなで認識し直さなきゃいけない。心強いことに、町民の間で、若い人中心にそのへんの意識改革がちょっとずつあらわれているような気がしています。この規模なのでやれると思うんですよね」

震災前、ソウタくんやシンタローさんのような若い世代のなかには、町を出ていくことを選択する人たちも多かった。現に、シンタローさんは町を出て暮らしていたし、ソウタくんも必ずしも町に戻ってくると決めていたわけではなかった。しかし、震災を経験し、避難所を経験するなかで、町の魅力を再確認し、そのなかで自分ができる役割を見つけたのだ。

シンタローさんとソウタくんにこの町のよいところと悪いところを聞いた。すると、2人の答えは共に「人」であった。

「よいとこどこですかと聞くと自然が豊かで人間が魅力的みたいな（答えになる）。悪いところはと聞くと、自然しかないところと人のしがらみが多いところ。でも人は本当にいいなと思うのはありますよね。変な駆け引きとかもないので」

町の人の結びつきは、よいところにも悪いところにもなる。それはまるでコインの表裏のように、見る方向によって見え方が変わってしまう。震災を経験した2人には、震災前には見えなかったコインの面が見えている。

4　地域復興事業に関わる人びと

震災時、タダヨシさんは町役場に勤める公務員であり、志津川小学校避難所と役場を結ぶ重要な役割を果たした。

現在は、定年を待たずに退職し、民間の立場で複数の地域復興事業に携わっている。その1つ「南三陸復興ダコの会」は、雇用促進と地域復興のため設立された任意団体である。復興イメージキャラクターの「オクトパス君」というタコの置物の制作をはじめ、間伐材や震災被害木を活用した作品の制作、かつて盛んだった養蚕業にちなんだまゆ細工、農作業を通じて地域づくりを行っている。

タダヨシさんは、震災前から、南三陸をアートの発信地にするという夢を持ってこつこつと準備を進めてきた。しかし、夢を託して完成させた工房は、わずか2週間で震災によって流されてしまった。人生をかけて準備していたものが一瞬にして流されてしまったのである。その時の心境をタダヨシさんは次のように語っている。

「南三陸をアートの発信地にするという夢を託して造った私の工房は、完成して2週間後に跡形もなく流された。大げさな表現になるが私の人生をかけたプロジェクトだった。若い時から着々と集めてきた創作用の機械や工具、備品、資材などすべてが流出した。

本格的にスタートする前に奪われたので価値観を変えざるを得なかった。すべて持っていかれたからこそ代わりに自分や家族の命が助かったと思うようになった。死んでいった仲間の無念の気持ちを考えたら、私の出来事なんか贅沢なことだし、生き残った者が頑張るしかないと思った。震災翌日、多くの仲間を失った事実を知った時、命あるかぎり走り続けることを誓った」

公務員を辞職してまでタダヨシさんを町おこしの活動に駆り立てたのは、避難所での生活と、そして犠牲になった仲間への思いである。

「避難所の生活がなければ、こんなに自分でできないことまで（活動の幅を）広げなかったと思いますね。あとはやっぱり犠牲になった先輩やら仲間やらがいっぱいいたので、その人たちの思いって言うか、（中略）いろんな人の思いってつながっているような気がするんですよね。亡くなった人たちにも」

タダヨシさんに地域復興事業へ専念することを決意させた避難所での経験とはどのようなものだったのか。

タダヨシさんの言葉を借りれば、避難所で助け合い、いたわりあう人間関係は、日常の「重たい荷物」をおろした人たちの「純粋力」が上昇した状態であった。それは人間の利己的な側面がなりを潜め、互いにいたわり支えあう、言うなれば利他的な側面が前面に出た状態であった。

前章で「災害ユートピア」と表現したこうした状態の避難所では、避難所全体が「1つの細胞」「1つの生命体」のようにまとまりあるものとして感じられた。それはまるで全体が「1つの家族みたいな感覚」だったと振り返っている。

さらに、タダヨシさんは震災前と震災後がまるで別の世界のように感じられるとも述べている。かつての世界は震災によって一度断絶され、そこから新たな「震災後の世界」が始まったかのような感覚である。

「震災前のことって生まれる前の出来事みたいな感じなんですよ。そして、現世は震災から（始まったように感じる）」。震災前の出来事はまるで生まれる前の出来事で、「こんなことして盛りあがったよな。よかったよな」と思い出すだけの感覚に陥ると言う。それは生き方にも影響を与えた。

「震災前はね、やっぱり、社会人として強い人間になろうとしていろいろやっていた部分はあったんだけど、震災後の感覚から言うと、（強い人間になろうとか、こういう人間になろうとかではなく、ただただ）動物は毎日命がけで、真剣勝負で生きているんだと思うんですよ。人間も毎日命がけで、真剣勝負で生きていけば、生きられると思うんです」

タダヨシさんは現在取り組んでいるさまざまな地域復興活動をあえて「実験」だと表現してい

る。そこには、犠牲になった仲間の思いをつなげていくんだという強い意志と、うまくいかなかったとしても「命まで持っていかれるわけじゃない」という震災を経験したからこそ言えるよい意味での開き直りと、その日その日を命がけで、真剣勝負で生きていけば必ず道は開けるという信念が込められている。

5　南三陸町の未来へ

最後に、この町の未来について語りたい。

南三陸町を、これからどんな町に復興させていきたいか。この震災の経験をどのように伝えていきたいか。主に志小避難所自治会メンバーが参加した座談会（2014年11月。14人が参加）での発言から、「未来へのメッセージ」をまとめる。

「感謝」を伝える

私たちは、「1人では生きてはいけないことをこの震災で学んだ」（オイゼンさん）。

避難所ではボランティアや自衛隊の皆さんが、炊き出しをはじめさまざまな活動を行ってくれた。世界中から物資ややさしさをいただいた。また、全国の商店街の仲間たちが福興市に協力してくれた。今でも南三陸や被災地のことを思い、遠くから足を運び、支援してくれる人たちがいる。こうした人たちへの感謝を伝えていく義務が私たちにはあると思う。

「これだけの震災でここまでなんとかみんなでやれたのは、世界中の皆さんのご支援のおかげです。この出会いは今回の経験があったから。そうしたなかでお世話になった感謝を忘れずに生きていく。これを次の世代にも伝えて生きていくということが人間の姿勢として大切だなと思っています」（オイゼンさん）

そして、震災を経験した私たちの世代が、こうした感謝の気持ちを、震災を経験していない子どもたちの世代に伝えて行けたならば、町並みや景観がどんなに変わろうとも、大切な部分は変わらない。そうすれば、震災を経験していない次の世代も、災害を経験した時になにをすべきなのか判断できるだろうと考えている。

「震災で被災したのは自分ですけども、子どもたちの次の世代は震災を知らない子どもたちになる。震災を知らずにこの南三陸町を背負っていく。こうした時に震災でのあり方や、自分の大切な感謝の気持ちを受けつないでいくということが結果的に震災に襲われた時にどうすべきかという判断になると思うんです。町並みは変わっていくでしょうが、悪くなるわけではないでしょう。それは時代時代の人たちが考えることでしょう。その時に、感謝の気持ちをつないで行けたらと思います」（タケカズさん）

「教訓」を伝える

私たちが、阪神・淡路大震災を経験した神戸の人たちから有意義な助言をいただいたように、今回の東日本大震災の経験から得た教訓や知見を、不幸にもこれから大きな災害を経験するかもしれない地域に伝えていかなければならない。

地震や津波が来ることが予想され、準備していたこの町でも大きな被害が出てしまったように、災害時には想定外のことが起こり得ること、そして、そのことに対応できる準備が必要であることを教訓として伝えていきたい。

「私たちが受けた災害については、今後南海・東南海が予測されるわけで、その方々のためになにかお役に立てることを考えたいと思います」（タカチョーさん）

教訓を伝える相手は、他の地域の人たちだけではない。この町の次の世代の子どもたちにもその教訓を伝えていかなければならない。

震災当時中学3年生だったソウタくん。あれから5年。20歳になった彼が大学でボランティア活動を続けるのもそんな思いがあるからだ。

「町に大きな災害が来て、目の前で自分の大好きな町が壊されていくという現実を、当時中学生としては受け入れられなかったんですね。でも、私のような若い世代が次の

世代にも防災意識というものを植え付けるというか、子どもたちと考えていきたいと思います」（ソウタくん）

震災というあまりにも悲しい出来事に意味を見いだすとするならば、大きな代償と引き替えに得られたもの、新たに気づいたことを、他の地域や次の世代に伝えていくことが私たちのこれからやっていくことだと思う。

「震災があってよかったとは絶対に言わないけど、それを乗り越える過程で得られるものはあったと思うんです。それが残ればよいと思うし、この経験をつないでいかなくちゃいけないと思うんです」（シンタローさん）

ただ、時間が流れ、町で震災の爪痕を目にすることが少なくなるにつれ、災害の記憶や防災への意識が低下することも事実である。

「時間が経てばある程度町の安定はもたらされるんだけれども、その安定と引き替えにかつての教訓って言うのは薄れていくっていうのは避けられないことで、それをどのように風化を防止するかっていうことはまあ全部課題なんだよね」（シンイチさん）

町の復興の様子を写真に撮り続けるシンイチさんには、震災の経験を風化させないために自分の写真を役立てたいという思いもある。

「人とのつながり」がこの町の魅力

震災や志小避難所の経験から得た財産としてもっとも多く語られたのは、「人とのつながり」である。

特に、南三陸町で生まれたとはいえすでに町を離れ、ほとんど知り合いのいなかったシンタローさんにとって、志小避難所での経験は町の人たちとの強い結びつきをもたらした。

「(この震災を)忘れることはできないし、忘れなくていいと思う。震災があって、志津川小学校に避難して2か月ぐらい生活して、この町に戻って生活するだけだったら知りあうのに時間がかかったであろう人、仲良くなるのに10年も20年もかかったであろう人と仲良くなれたことは財産だと思う」(シンタローさん)

そして、そうした人の結びつきによって震災を乗り越えることができたと言う。震災を経験することで改めて確認できたのは、町の人たちの魅力だった。

「この町の今後を考えるうえで本当に大事なことは震災以降に加わった新しい価値観

じゃないかと思うんです。この町の人の魅力がある。あの震災を乗り越えられた力、それを大事にしていきたいです」（シンタローさん）

志小避難所では、みんながまるで1つの家族のように見えたというが、セイキさんは、これからの町にもそうしたつながりが残っていくことを望んでいる。

「やっぱりつながりですよね。一番はつながりだと思います。身内とかそんなんじゃなくても、1人でも、友だちでも友だちじゃなくても、顔見知りでも気軽に自分の思っていること伝えたり、たとえば手伝ってあげたりとか。やっぱり、子どもたち、今からの人たちにはもっと（人とのつながりを）身につけてもらいたいと思いますね」（セイキさん）

正解のない復興の形を探す

復興とはハード面のみを意味するわけではない。ハード面とソフト面の両方を含んで復興は語られなければならない。

そうであるならば、復興に1つの正しい形があるわけではない。地域ごとにその地域独自の復興の形がある。南三陸町は南三陸町の復興の形を見つけていく必要があるとオイゼンさんは語る。

「復興に正解はないですし、到達点もないと思うんです。地域ごとに復興のあり方も違うと思うんです。そして、南三陸には南三陸の復興があると思うんです。それをみんなで探り合って、話し合いながら進んでいく」(オイゼンさん)

そのためには、ソウタくんのような若い世代のがんばりも必要である。

「上の世代の方々には私たちが頑張ってる姿を見てもらって、もちろん支援もいただいて、魅力あふれる南三陸を私たちでつくっていきたいと考えています」。ソウタくんはこのように述べている。

また、タカチョウさんは、「超高齢社会になりますので、この町をどのようにつくるのか、維持するのか、そういったところを検証しながら町づくり」することが大切だと述べる。

そして、ノゾミさんは、復興事業によって新しくつくられている町は、「お年寄りの多い町だとわかっているのにお年寄りにやさしくない町」になっていることが悲しいと言う。志小避難所においても、一貫して、高齢者や女性、子どもといった、社会的に弱い立場にある人たちの小さな声を代弁してきたノゾミさんの視点がここにもある。

タダヒコさんは商店街の組合長として、「人口流出が止まらない町で2017年3月に商店街移転がありますが、地域人口の消費だけで成り立つのは難しいだろうと思う。じゃあ、交流人口を増やしていく。この町を楽しんでいただく。そのための商売をしていくことにならざるを得ない」と述べ、商店街のひいては町全体の存続に、他の地域の人たちが南三陸町にやってくることの重要性を強調する。

「そのためにどうやったらここにしかないものを発掘できるのかを考える必要がある。ここにしかないものをつくって、楽しみをつくることができたら、そしてそれをつなげていけたらと思いますね」とこの町にしかない魅力を掘り起こしていきたいと言う。それが次の世代への責務だと考えているからだ。

「私たちもいつまでも支援されているわけにはいかないので、今基盤整備をして間違いのない町づくりをしていかなくちゃいけないと考えています。次の世代にこの町をゆだねられるようにしたいです」(タダヒコさん)

町の人たちは震災でたくさんの大切なものを失った。しかし、そのなかから新しい大切なものも見つけた。町の復興には長い時間がかかるだろうし、失ったものは戻ってこないかもしれない。でもそのなかで、ある者は「感謝の気持ち」や「故郷のすばらしさ」を再確認し、ある者は自分の「生き方」を見つめ直し、また、ある者は「人とのつながり」を実感した。そのことを別の地域と次の世代に伝えていきたい。震災から10年、20年、50年、100年と月日が流れ、たとえ町の風景は変わっても、それは変わらないものだと思うから。

2011年3月11日、東日本大震災。
宮城県南三陸町の志津川小学校避難所を自主運営し、力をあわせて困難を乗り越えた人たち。
その59日間の、それぞれの物語と「未来へのメッセージ」。

さあ、届け。未来へ！

資　料

資料1　震災前の南三陸

震災前に刊行された『南三陸町勢要覧』は、次のような書き出しで始まっている。

深く入り込んだ湾が造るリアスの海岸美。
湾に浮かぶ鮮やかな浮き球と大小の小島。
深い緑をたたえる森と、花咲き誇る山々の連なり。
シロウオが泳ぎ、サケが遡上する河川。
そして山間に点在する里山の農村風景。

南三陸町は、海と川と森と山の趣きある風景が続く町です。
訪れる人が「日本の原風景」と感動し、
国の天然記念物であるイヌワシやゲンジボタルをはじめ、
幾多の生命を育んできた、豊かさを約束された地として、
豊穣の幸を享受できるまちづくりを進めています。

南三陸町は宮城県の北東部、太平洋に面する三陸海岸の南部に位置する。東は太平洋に面し、南は石巻市、西は登米市に接している。海岸線は南三陸金華山国定公園の一角を形成し、リアス式海岸の美しい景観をつくり出している。その美しさは１９３０年河北新報社主催による「東北十景（海岸の部）」の人気投票で第1位に選ばれたほどだ。海だけでなく山の自然にも恵まれ、田《た》束山《つがねさん》など三方に連なる山々に囲まれており、町の約70％を森林が占めている。

南三陸町の美しい海と山は、豊かな自然の恵みをもたらしてくれる。

町の沿岸部は、志津川湾を中心として、日本有数の良好な養殖漁場であり、震災前には多くの養殖いかだを目にすることができた。カキは宮城県内で石巻に次ぐ生産量を誇り、ウニやアワビ、そしてなによりも、「西の明石、東の志津川」と称されるマダコが有名である。

漁業だけではなく、内陸部では農業と畜産業が盛んである。南三陸産の「仙台牛」や輪菊の「黄金郷」は、南三陸ブランドとして知られている。

歴史的に見ると、かつて東北地方では養蚕業が盛んであり、南三陸町でも山間部の入谷地区がその中心地であった。多い時には山の半分が桑畑だったとも言われるが、化学繊維の普及や中国をはじめとする海外からの安価な製品の輸入により、現在では養蚕農家は激減しており、２００4年のデータでは養蚕業の生産額は計上されていない。

町の産業別就業者数を見ると農業が６・８％、漁業が19％であり、第一次産業割合が約26％、第二次産業割合が約30％、第三次産業割合が約42％となっている（２００５年国勢調査）。その推移を見てみると、１９８５年の第一次産業割合は約39％であり、今でも農業・漁業が盛んであることに間違いはないが、その割合はだんだんと減少してきており、反対に第三次産業の割合が増加する傾向にある。

町は大きく4つの地域にわけられる。志津川湾を囲み北から歌津地区、志津川地区、戸倉地区があり、山間部には海に面していない入谷地区がある。町の歴史を振り返ってみると、1955年に志津川町、戸倉村、入谷村の1町2村が合併し「志津川町」となった。さらに、2005年に志津川町と歌津町が合併し、「南三陸町」が誕生した。合併時の地域別人口は志津川町が約1万4200人、歌津町が5600人であった。

震災前の南三陸町の人口は約1万7700人(2011年2月末、住民基本台帳)で、65歳以上の高齢者が30%を超えていた。震災後の人口は約1万5100人(2013年3月末、住民基本台帳)と震災前から約15%減少した計算になる。ただ、人口の減少は震災以前から続いており(たとえば1960年の人口が約2万5000人であった)、震災によってその減少傾向がさらに加速したと言うべきであろう。

本書の舞台となる志津川は、そうした南三陸町の中心部分をなす町である。

志津川の市街地は、三陸地方特有のリアス海岸に沿って広がっている。町の東西を大動脈である国道45号線が走り、JR気仙沼線が南北を貫いている。そして中心部を八幡川が流れている。川を北上した山間部には入谷地区が広がる。

海岸には港があり、漁業関係者の住居や工場がある。川沿いと国道沿いには住居が立ち並び、

写真50　震災前の志津川湾夏祭り　©佐藤信一

住居兼店舗が商店街を形成していた。商店街の店舗のなかには100年以上の老舗もある。住民らは親しみを込めて屋号や「味噌屋さん」「お茶屋さん」など生業で互いを呼びあった。

地区ごとに自治会が設置され、季節の行事を催すなど地域ぐるみの生活をしていた。町の住民はほぼ「顔見知り」といった関係であった。南三陸町の人びとの結びつきを特徴的にあらわすものとして契約講（東北地方で見られる相互扶助のよりあい集団）がある。旧志津川町内のほとんどの集落に契約講が組織され、地域の祭りや農業・漁業など日々の仕事、町や村の運営において重要な役割を果たしてきた。南三陸町では、こうした「契約講」や「結《ゆい》」などの生活互助形態が一部地域で今も残っており、人と人の結びつきや地域内のコミュニティ的つながりはとても強い地域である。
本書の主要な舞台となる志津川小学校は、海岸部から約1キロメートル、徒歩で20分の距離にある。海岸部から川沿いを約500メートル北上し、そこから高台の坂道を登る。学校までの坂道は急な斜面で、「登校坂」と呼ばれている。そもそも志津川小学校は平地に設置されていたが、1960年のチリ地震津波で被災し、高台に移設された。上の山公園は市街地に面していたこともあり、高台に登るための歩道や階段が設置されていた。小学校までの坂道はかなり急なので、平地から少し坂道を登ったところにある給食センター、そして志津川保育所と上の山公園が災害時の避難訓練に活用されている。実際は、志津川小学校も避難所として指定されていたが、避難生活用の物資はほとんど備蓄されておらず、利便性のよい平地の施設に集約されていた。

太平洋に面している南三陸町はこれまでにも多くの津波を経験してきた。明治以降だけでも以下の3つの津波災害を経験している。

1896（明治29）年　明治三陸大津波
1933（昭和8）年　昭和三陸大津波
1960（昭和35）年　チリ地震津波

なかでもチリ地震津波は、死者41人、流出家屋326戸、被災者1万人超という県下最大の被害を出した。その際の津波は、町の人びとにとって忘れがたい経験として現在も記憶されている。志津川の町では、八幡川が干あがり、海底が露わになると、大急ぎで人びとは避難したという。あらゆる住宅がなぎ倒され、街中が瓦礫だらけとなった。

この経験が住民の防災意識を高め、防災訓練なども積極的に実施されてきた。町の中心部、松原公園にはチリ地震津波30周年を記念し、同じ被災国であるチリ共和国から贈られたモアイ像とコンドルの碑があった。モアイのモは「未来」を、アイは「存在」を意味し、モアイとは「未来に生きる」勇気をあらわしており、災害の経験を次の世代へと語り継ぐための防災の象徴となっていた。

南三陸町では、過去の経験をふまえ、市街地中心部に位置する町庁舎のすぐ脇に「防災対策庁舎」を設置した。新聞・テレビなど各種メディアは、将来の震災に警鐘を鳴らし続けてきた。そして、チリ地震津波の到達日である5月24日には、避難訓練を町ぐるみで実施してきた。

2011年3月は小さな地震が頻発していた。震災前日の10日にも震度6の地震があった。津波は到来しなかったものの、「なにかがおかしい」と感じた住民も多かった。普段以上の備えをしたり、枕元に防災バッグを用意したりした者も多かった。「まあ、いつものことだから」と思う一方で、言い知れぬ不気味さがあったともいう。

そして、3月11日がやってきたのである。

日付	最高気温	最低気温	日目	避難所人数	備　考
4月　8日	17.6	6.0	29	365人	最大の余震
4月　9日	9.2	6.2	30	364人	
4月10日	13.9	0.3	31	357人	大掃除
4月11日	12.2	3.3	32	343人	班編成（体育館15班）
4月12日	9.6	−0.4	33	333人	ノロ終息へ
4月13日	17.6	−1.3	34	336人	ボラセンとの連携開始
4月14日	21.0	3.3	35	331人	
4月15日	19.9	5.1	36	329人	
4月16日	20.0	5.4	37	318人	
4月17日	13.2	3.8	38	311人	
4月18日	13.0	0.2	39	313人	
4月19日	6.4	0.2	40	305人	
4月20日	8.5	0.7	41	305人	寺子屋の開始
4月21日	11.0	0.3	42	303人	
4月22日	8.7	5.5	43	255人	
4月23日	11.8	8.2	44	249人	
4月24日	16.1	7.0	45	253人	
4月25日	14.2	2.3	46	253人	
4月26日	16.3	5.2	47	253人	お花見
4月27日	18.8	8.6	48	253人	
4月28日	19.9	6.8	49	253人	あおぞら教室終了
4月29日	15.5	3.9	50	253人	第1回福興市
4月30日	18.7	4.6	51	255人	第1回福興市
5月　1日	22.4	10.3	52	248人	
5月　2日	15.6	7.4	53	229人	
5月　3日	19.4	5.4	54	227人	
5月　4日	18.3	6.3	55	224人	自衛隊の見送り式
5月　5日	11.2	4.3	56	138人	
5月　6日	11.8	3.9	57	134人	
5月　7日	21.9	9.6	58	128人	2日がかりの大掃除
5月　8日	22.5	11.5	59		避難所解散

当時のノート資料を参考に作成。資料ごとに若干の違いがある場合は、代表者会議議事録にあわせた。

資料２　避難所の避難者数推移

日付	最高気温	最低気温	日目	避難所人数	備　考
3月11日	7.0	−4.8	1	n/a	東日本大震災発生
3月12日	7.0	−2.7	2	n/a	入谷地区のおにぎりが届く
3月13日	11.6	−2.5	3	n/a	カンパン・水が届く
3月14日	n/a	n/a	4	n/a	自治会発足
3月15日	n/a	n/a	5	n/a	物資の配給開始
3月16日	n/a	n/a	6	n/a	医薬品の配布
3月17日	n/a	n/a	7	n/a	自衛隊炊き出し班到着
3月18日	n/a	n/a	8	661人	
3月19日	n/a	n/a	9	n/a	自治会による自主運営に。自衛隊炊き出し開始
3月20日	13.0	1.8	10	587人	役場機能の回復へ
3月21日	8.3	0.9	11	552人	物資があふれだす
3月22日	6.3	−0.3	12	566人	給食配給の工夫へ
3月23日	5.7	−2.5	13	578人	毎日掃除などのローテーションを決める
3月24日	5.8	−4.4	14	547人	場所の囲い込みが問題に
3月25日	6.1	−2.9	15	542人	
3月26日	4.3	−2.0	16	518人	集団避難の説明会・初入浴
3月27日	6.8	−2.5	17	526人	大掃除
3月28日	8.1	−2.9	18	n/a	卒業式
3月29日	12.8	−2.6	19	503人	灯油と軽油が不足する
3月30日	12.4	−1.0	20	493人	あおぞら教室スタート
3月31日	11.0	0.4	21	490人	
4月 1日	11.0	1.1	22	483人	町役場人事異動
4月 2日	11.4	0.7	23	480人	東日本大震災名称決定
4月 3日	7.8	−0.9	24	474人	ノロ感染者増加
4月 4日	7.0	−3.0	25	441人	食器を使い捨てに
4月 5日	13.9	−3.5	26	435人	ノロ、ピークに
4月 6日	18.7	4.0	27	375人	
4月 7日	19.1	1.5	28	357人	ボランティアが増加し、把握が難しくなる

資料3　阿部さんのノート

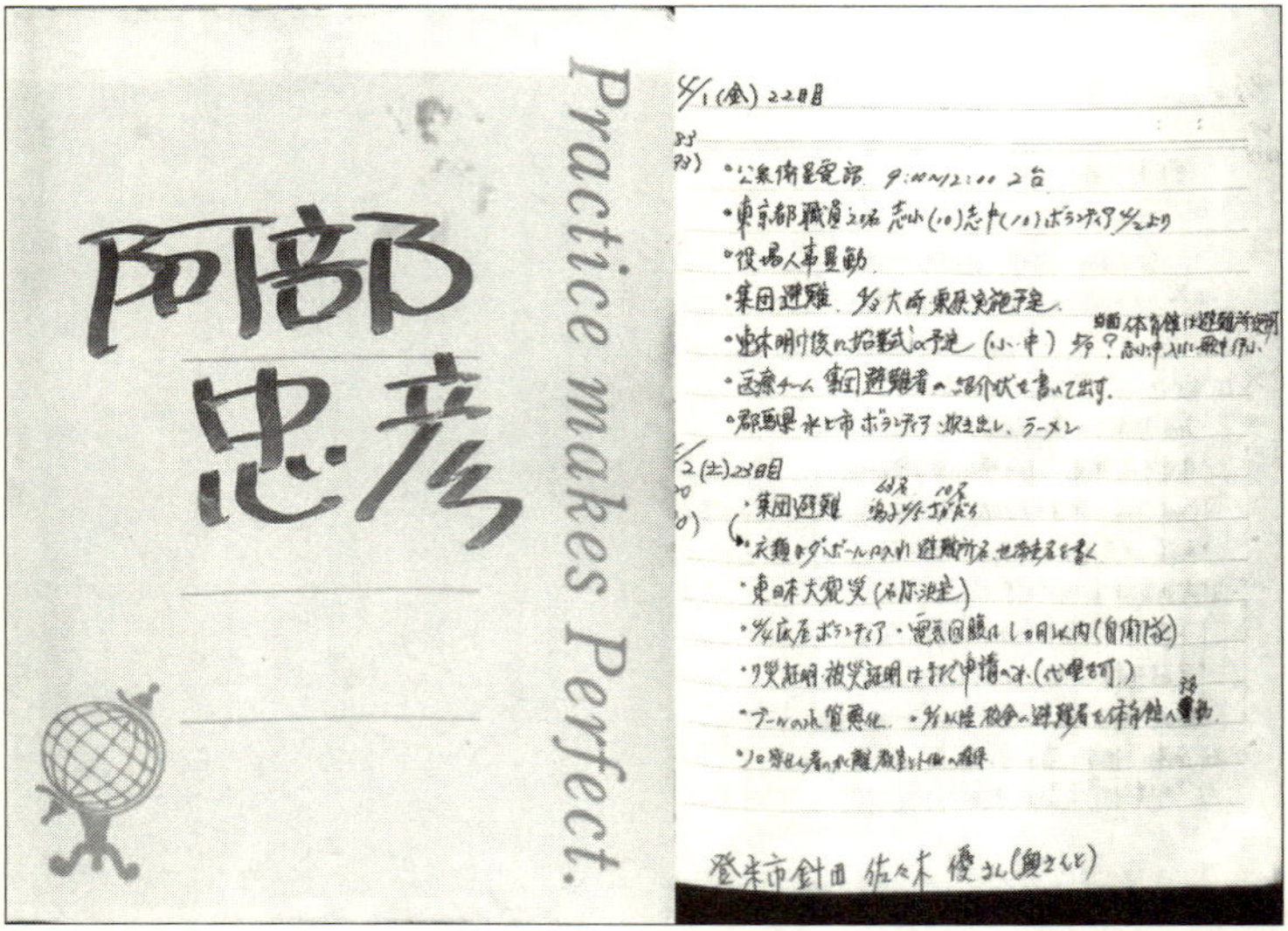

志小避難所自治会のメンバーは避難所生活をノートに書き残していた。阿部ノートのほかにも事務局ノートや物品管理台帳、髙橋さん、後藤さん、及川さん、西城さんらが記録を残している。事務的な内容から、その日の出来事まで記載されている内容はさまざまである。

資料4　洋服の登録証

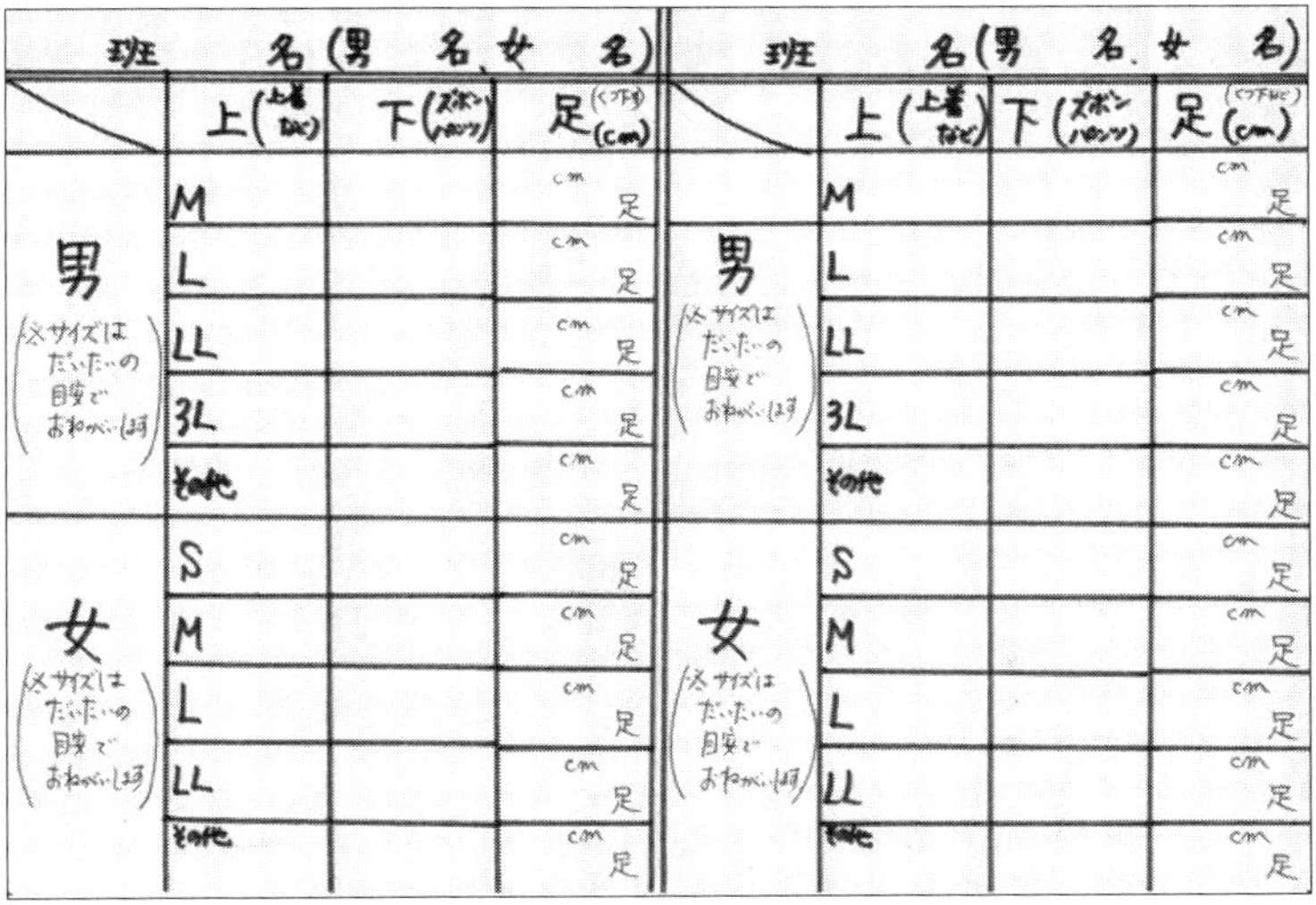

班　名（男　名、女　名）			
	上（上着など）	下（ズボンパンツ）	足（くつ下等）（cm）
男（※サイズはだいたいの目安でおねがいします）	M		cm 足
	L		cm 足
	LL		cm 足
	3L		cm 足
	その他		cm 足
女（※サイズはだいたいの目安でおねがいします）	S		cm 足
	M		cm 足
	L		cm 足
	LL		cm 足
	その他		cm 足

班　名（男　名、女　名）			
	上（上着など）	下（ズボンパンツ）	足（くつ下など）（cm）
男（※サイズはだいたいの目安でおねがいします）	M		cm 足
	L		cm 足
	LL		cm 足
	3L		cm 足
	その他		cm 足
女（※サイズはだいたいの目安でおねがいします）	S		cm 足
	M		cm 足
	L		cm 足
	LL		cm 足
	その他		cm 足

志小避難所では、効率的に物資を分配するため、班ごとに必要な洋服サイズを記した登録証を作成していた。震災時の避難所では、多くの物資が運び込まれるが、その配布や分配はかなりの重労働となる。志小避難所では、効率よく必要なものを必要な人に届けるための工夫が行われた。

資料５　初期の志津川小学校避難所の配置図

（記録をもとに作成）

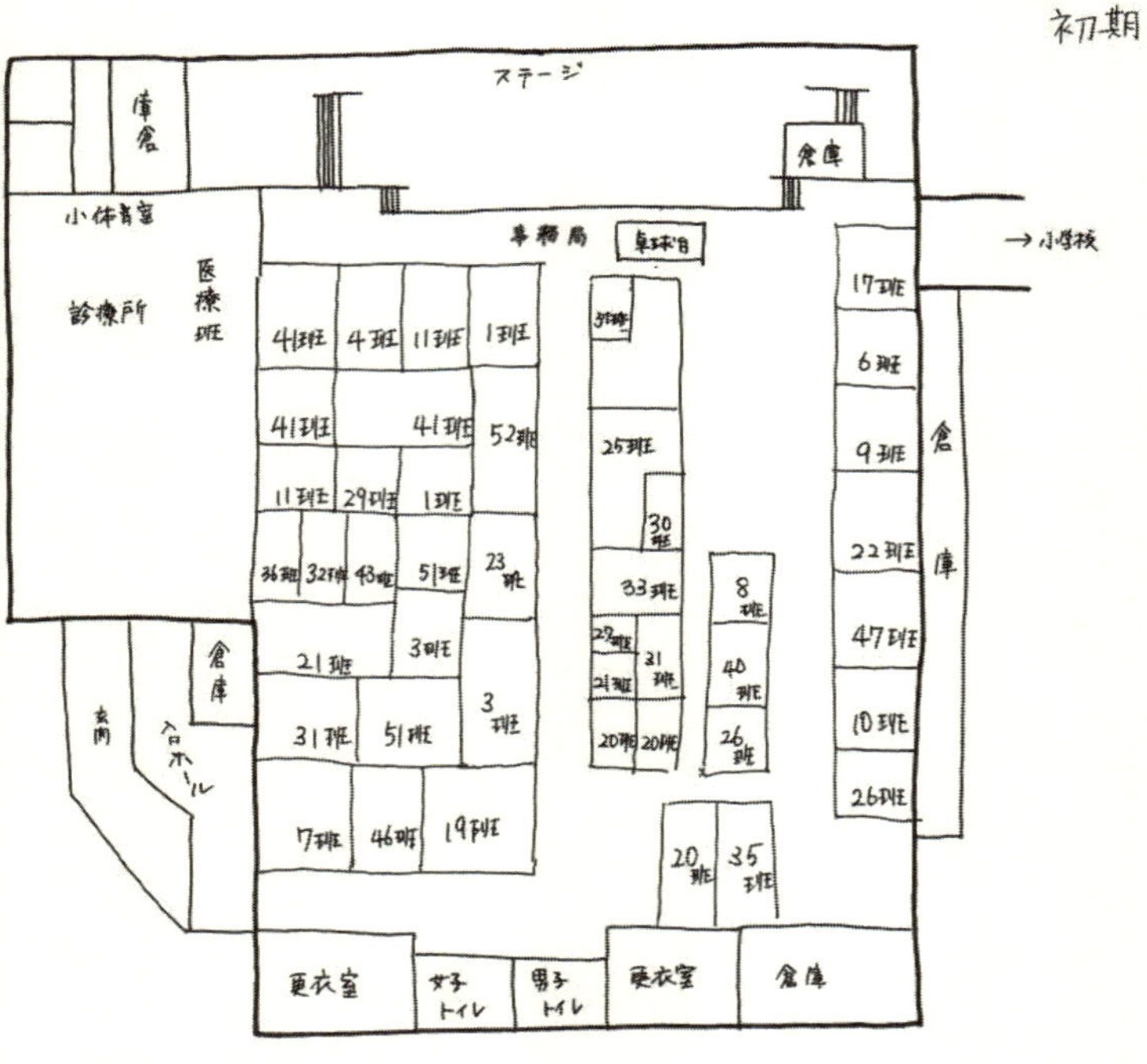

志小避難所では食事や物資配給、情報伝達の効率化のために避難者で班をつくっている。班のメンバーや人数には大小があり、地域や知人らで構成されている。

志小避難所は効率的な運営を求める一方で、１班何人といった画一的なルールを定めず柔軟に対応した。

※その他の資料については南三陸「志小避難所自治会記録保存pj」情報公開サイトをご覧ください
（https://www.facebook.com/shisyohinanjyo/）

メッセージ

２０１１年５月に志津川小学校避難所解散後、みなし仮設住宅に落ち着き、７月に購入したパソコンでワード打ち込みの練習と称して、避難所生活で書き留めておいた日誌を懸命に打ち込んでいた私に、家内が「お父さん、そんなの誰に見せるの」と問いかけました。「息子や娘や次の世代に、自慢して見せんのさ」と答えて、そのまま存在を忘れていた『志津川小学校避難所日誌』が、形をかえて日の目を見ることになりました。

「髙長さん、震災時の出来事をまとめてみませんか」

２０１３年９月、さんさん商店街の店舗に立ち寄った私に話してくれたのが、震災当時志小避難所自治会副会長だった阿部忠彦さんでした。そして、彼から紹介されたのが熱血銀行マン谷口善裕さんであり、その後に谷口さんが橋渡しをしてくれたのが大阪大学の志水宏吉教授でした。

ミーティングを重ねて資料の収集作業に、インタビュー対象者の人選と聞き取りへの協力の依頼などをしました。集まった資料に大学院生による避難所暮らしを経験した皆さんの体験の聞き取り記述が加わり、それらをまとめた中間報告書が制作されました。当初はただ出来事をまとめ時系列を明確にするだけであったものが、資料として十分過ぎるほどの成果になりました。

時の経過とともに「この避難所での経験を何とか形にして、将来起こるであろう災害や避難所運営に役立ててほしい。それが多くの支援を受けた私たちの使命」との思いを共有するようになりました。

過去に阪神・淡路大震災を経験した阪大チーム、今回東日本大震災の大津波の被害を経験した南三陸チーム、そして将来南海トラフの変動による地震で津波発生が予想される宮崎県出身の谷口チームの見事なチームワークにより、２年半の月日を経て本書の発刊になりました。

震災前、宮城県沖地震が起こる確率が高くなるとのことから、私も地域コミュニティーの役員として、避難訓練には定期的に参加しましたが、「長期間避難所生活をする」さらに、「自治会の自主運営に参加する」など、考えたこともありませんでした。

大津波で街全体が甚大な被害を受け、行政も完全にマヒしてしまいました。ライフラインが遮断され、マニュアルなしで自治会運営をする中で、試行錯誤しながら、日々の出来事に対処し即決を余儀なくされました。

情報の開示や判断を巡り、生じてしまった行政との溝を、埋めることが出来なくなったことがありました。対立は望むことではありませんでしたが、不本意な結果にもなりました。59日間を振り返れば、共に暮らした皆さんの我慢と協力があっての避難所生活だったと思います。

昨年4月には、今度は熊本大地震が発生しました。混乱の中、多くの方々が避難所で踏ん張る姿を前に、私たちの避難所での経験が参考になればとの思いから、急遽フェイスブックに「南三陸『志小避難所自治会記録保存ＰＪ』情報公開サイト」を立ち上げ、情報を発信しました。災害の時、誰もが経験する避難所生活、大規模な災害での避難所自主運営の一例として、本書をお読みいただき、次の災害に備えて少しでも参考にしていただければ幸いです。

本書発刊までの度重なる話し合いの中で、避難所で過ごしていた時期には、知り得なかった出来事を改めて知ることになりました。

そして震災当時、日本中、いや世界中の大勢の方々から物心ともに多大なるご支援・ご援助をいただき、しかもなお継続していただいていることに、この場をお借りして改めて心から感謝いたします。

この3月11日で東日本大震災発生から6年が経過いたします。復興事業が進む中、私たちも新しい暮らしを築くことになります。

未来を見つめて『日常の生活』を取り戻す為に。

２０１７年2月

志津川小学校避難所自治会
記録保存プロジェクト実行委員会　委員長　髙橋　長泰

あとがき

東日本大震災が起こった時、銀行マンの谷口善裕（48歳）は大阪に単身赴任中だった。テレビの信じがたい映像に釘付けになる谷口。1995年阪神・淡路大震災の時になにもできなかった彼は、いまだに神戸方面を訪れることができないでいた。

「アクションを起こさなければ」

彼はサッカーマンである。仙台近郊に住む昔のサッカー仲間・渡邊任（52歳）に連絡すると、「一緒にやろう」と車を出してくれた。さらにサッカーショップの友人らの協力で、サッカーボールなど段ボール5箱分のサッカー用品が集まった。谷口は、5月の大型連休を利用して夜行バスに飛び乗った。

2011年5月1日。避難所の子どもたちにサッカーボールを届ける旅の最後に訪れたのが、南三陸町の志津川小学校避難所だった。その時、避難所の体育館から出てきて、サッカーボールを受け取ってくれた男性と10分ほど立ち話をし、2〜3枚写真を撮った。谷口は、その男性が「副会長」というネームプレートをぶら下げていたこと、そして「私になにかできることがありますか」と訊くと、「この被災地の現状を伝えてください。みんなに」と言われたことを覚えている。その男性こそ、阿部忠彦（本文中の「タダヒコさん」）その人である。

翌年2月、地元南三陸町の1日も早い復興を願う商店主が集まって、志津川に「南三陸さんさん商店街」という名の仮設商店街がオープンした。同年9月、谷口と渡邊は、企業仲間の協力で、子どもたちのサッカースクールの企画を携えて志津川を訪れた。歩き回って疲れた2人はさんさん商店街に立ち寄る。猛暑のなか、お茶屋さんのソフトクリームの看板が目に留まり、思わず注文した。そのソフトクリームをつくって手渡してくれたのが店主の忠彦だった。再会！　同い年の2人は意気投合した。「子どもたちのために志津川小でサッカースクールを」と言う谷口に、忠彦はすぐその場で、PTA会長で写真店を営む佐藤信一（本文中の「シンイチさん」）を紹介した。谷口は言った。「絶対また来ます」

谷口と渡邊が3度目に訪問したのは翌2013年の夏。志津川小でそのサッカースクールを開催した2人は、さんさん商店街で忠彦、信一と夕食をとった。その席で、忠彦は「実は当時の避難所の記録を書き溜めたノートがある。それをなんとか形にしたい」と、谷口に呟いた。谷口はそれを「阿部さんのひと言」と呼んでいる。「自分たちが経験した避難所生活の記録を後世に残すことは、世界中から支援を受けた自分たちの使命」という共通の思いを、忠彦らは持っていたのである。「その話、少しあずからせてほしい」と共感した谷口は答えた。

2013年11月、谷口と渡邊は、神戸マラソンを2人で走った。渡邊にとっては初マラソンだった。渡邊は初マラソンに、そして谷口は、震災当時なにもできなかった神戸を訪れるために、神戸マラソンを選んだ。東日本大震災と阪神・淡路大震災の両方の被災地への思いを胸に、渡邊は見事4時間50分ほどで完走した。

その翌朝、大阪駅で渡邊を見送った谷口は、大阪同企連（大阪同和・人権問題企業連絡会）主催のセミナーに出席した。講師は、大阪大学の渥美公秀教授。偶然にも東日本大震災と阪神・淡路大震災の被災地の復興・支援をテーマに熱っぽく語る渥美の姿に「彼だ！」と直感した谷口は、講演後の楽屋に押しかける。弁当で昼食をとる渥美を前に「阿部さんのひと言」と共に忠彦の思いとその社会的意義を訴えた。話を聞いた渥美は言った。「私の同僚に、南三陸で活動している志水という者がいる。彼に相談してみます」

渥美からこの話を聞いた私（志水）は直感的に「やってみたい」と思った。阪神・淡路大震災の被災者である私も、「なにかやりたい」という気持ちを東日本大震災について持ち続けていたからである。

翌12月、大阪梅田のベトナム料理屋で阪大チーム（私、榎井縁、山本晃輔）と谷口が顔をあわせた。3つほど歳は違うが、谷口同様、私もサッカーマンである。同じフォワード。共通の知り合いも何人かいることがわかり、2人が意気投合するのに時間は要らなかった。そして、このプロジェクトに着手することを決めた。

志津川小学校避難所記録保存プロジェクトを立ち上げたのは、それから数か月後の2014年3月のことである。以来この本が完成するまでに3年ほどの時間がかかったことになる。

プロジェクトのメンバーとなったのは、以下の三者である。

①志津川小学校避難所自治会チーム（＝避難所運営に携わったメンバー）：髙橋長泰（タカチョー会長）、阿部忠彦（タダヒコ副会長）、後藤伸太郎（シンタロー副会長）、及川善祐（オイゼンさん）、阿部雄一（タケカズさん）、佐藤信一（シンイチさん）、阿部忠義（タダヨシさん）など十数名。

②谷口チーム：谷口善裕、渡邊任

③阪大チーム：志水宏吉、榎井縁、山本晃輔、鈴木勇

情報提供するのが避難所自治会チーム、それをまとめるのが阪大チーム、そして両者のつなぎ役となるのが谷口チームの役割である。

残された記録には、前述の阿部ノートの他に、髙橋ノート、及川ノート、後藤ノートなどがあった。最初に議論になったのは、どのような形で記録を残すかということであった。映画をつくろうといった話も出たが、私たち阪大チームが得意とするのは文章を書くこと、すなわち本をつくることである。やがて目標は、本をつくることとなった。

本をつくる目的についても議論が交わされた。もちろん第一の目的は、避難所生活の記録・事実を丹念にまとめることであるが、それだけではもったいない。どうせなら、できるだけたくさんの人に手にとって読んでもらう本をつくりたい。そのためには、「読み物」としても面白く、さらにはそこからいくつもの教訓を引き出せる「ためになるもの」ともしなければならない。私は、いくつかの出版社に話を持ちかけた。もっとも色よい返事をくれたのが、長いつきあいのある明石書店さんであった。

残された紙媒体のさまざまな記録それ自体が貴重なものであったが、それだけでは断片的な情報の集積であり、それに命を吹き込み、生き生きとした避難所生活の物語が展開されなければならないと私たち阪大チームは考えた。そこで企画したのが、２０１４年・15年の二度にわたる、学生を動員しての避難所生活体験者に対するインタビュー（聞き取り調査）であった。インタビューの対象となったのは、14年の夏が39名、15年の夏が21名だった（一部、対象者に重複あり）。

私たち大学関係者に、震災の記憶を丹念に語ってくださったすべての方々、そしてこのインタビューの実現を全面的にバックアップしてくださった避難所自治会の皆さんに、この場を借りて深く感謝の意を表したい。

なお、これらのインタビューの記録は、別途以下の冊子に克明に整理されている（大阪大学未来共生イノベーター博士課程プログラム編『志津川小学校避難所記録保存プロジェクト・中間報告書』（２０１４年）および『志津川小学校避難所記録保存プロジェクト・最終報告書』（２０１５年））。

本書の執筆分担は以下のとおりである。

第1章　志水、第2章　榎井、第3章　鈴木

また、本書を執筆するにあたっての資料の収集と作成は山本が中心となり大阪大学チームで行った。

２０１４年度　西徳広、木場安莉紗、崔美善、高原耕平、宮前良平、三好裕貴

２０１５年度　伊藤駿、梶田智香、堀口安奈、眞浦有希、横木那美

なお、インタビューの実施にあたっては、一部日本学術振興会科研費（ＪＰ２５２８２１１９）

の助成を受けた。

本書の中心部をなすのは、もっとも分量が多い第1章である。当初は、大まかには時間の経過をたどりながらも、自治会の組織やそれぞれのパートで活躍した人物を中心にまとめていこうと、私たち阪大チームは考えた。端的に言って、その方が書きやすいからである。しかしながら、ドラム缶の会サイドから出てきたのは、震災当日からの出来事を、1日1日と丹念に追っていくようなスタイルのものにしてほしいという強い要望であった。当然と言えば当然のリクエストなのだが、これは実際問題としてはかなりきつい要望であった。

私たちに与えられたのは、資料の山（何種類かのメモ、その他の種々雑多な文書資料や写真、大量の聞き取りデータなど）である。資料の記載事項には、当然漏れもあり、食い違いもある。データの不足から、本書では各地より寄せられた支援物資や義援金の状況についてふれることができなかった。避難所ボランティア、医療支援を行ったＡＭＤＡや学習支援ＴＥＲＡＣＯについても充分記述することができなかった。また、あることがらをめぐって全く別の見方や評価が異なる関係者から与えられることもあった。これを上手に時系列的にまとめていくのは骨の折れる仕事であった。

しかも私たちは、震災・津波を体験した当事者ではない。遠く離れた大阪から、数年後に被災地にやってきた新参者にすぎない。当時の切迫した状況や、被災した人びとのつらさ・悲しさ・憤りなどを推し量りはするものの、それが「真実」に近いものとなりえたかどうかの確証は全くない。そこで私たちは、当時の避難所運営に携わり、なおかつ私たちが複数回インタビュー可能な人物を中心に本書を作成した。したがって、本書が残したのは志津川小学校避難所の真実というよりも、運営に携わった方々が残した資料や語りを中心に据えて描き出した避難所である。登場人物を「カナ」や「所属」「立場」表記にしたのも、本書が「物語」としての側面を有しているからである。

ともあれ、第1章の初稿は、志水がかなりの時間をかけて作成した。正直に言うが、ここまで苦労した原稿はこれまであまりなかった。通常私たちは自分の書きたいことを書くが、今回は、避難所自治会の人たちが伝えたいことをいかにうまく代弁できるか、そこに心を砕いたつもりである。その初稿に対して、自治会メンバーそして谷口から懇切丁寧なコメントやフィードバックを得たうえで、時間をかけて完成稿にこぎつけることができた。

第2章は、第1章に展開されている志小避難所の59日間の記録から、私たちが引き出せる教訓を整理する目的で作成したものである。そのとりまとめには榎井があたった。志小避難所関係者の「震災から現在へ」に焦点を当てた第3章は、最初は予定されていなかったパートである。この部分の執筆には鈴木があたった。最後の資料編を含め、執筆に関わる基本情報やアウトラインの作成・整理は、私たちの記録保存プロジェクトの「裏方」として、多岐にわたる事務作業や段取りを一手に引き受けてくれた山本である。

先にも述べたように、本書は、「避難所の記録・事実を残すこと」と「読みやすい、参考になる本を書くこと」という2つの目標のもとに作成された。その「二兎を追う」作戦が成功したかどうかは、読者の皆さんの判断に任せるしかないだろう。
出版状況の厳しいなか、私たちの志にこたえる形で、本書を世に問うことを可能にしてくださった明石書店の大江道雅社長に、この場を借りて深く感謝申しあげたい。

本書の編者は志津川小学校避難所自治会記録保存プロジェクト、別名「ドラム缶の会」である。その中身については、本文で幾度となくふれたところである。体育館の入り口近くに置かれたドラム缶の火を囲んで、未曽有の震災に遭遇した志津川の人びとはひとときの憩いの時間を持った。おそらく太古の人びとが、洞窟の入り口付近でたき火を囲んだように……。ある人は「避難所は楽しかった。もう一度帰りたい」と語った。なぜか。おそらくそこには、すべての余分なものをはぎとった、人と人との素直な関わりやつながりが生まれていたのだろう。避難所自治会のメンバーの間に形成された仲間意識は、一生続くはずである。そのきずなの強さを、プロジェクトの一員としての私は、傍から見ていてとてもうらやましく感じる。

この本づくりを阪大チームが担当することは、「やろう！」という私のひとことで決まった。サポートしてくれた3人のスタッフ（榎井・鈴木・山本）には感謝の言葉しかない。

そして、この話を持ち込んでくれたバイタリティあふれる谷口さん、それを絶妙な間で支えるジン（渡邊）さん、お2人は私たちにとって、今やよき仲間である。

タカチョーさん、タダヒコさんをはじめとする「ドラム缶の会」の方たち。おおむね口数は多くはないけど（例外もあり！）、皆さん義理堅く、そして強い芯をお持ちである。せっかくこうして得たご縁を大切にして、今後も南三陸町の方たちとの交流を続けていきたいものである。

編者を代表して
大阪大学　志水　宏吉

何事にも
希望をもって
対処できるように。
阿部希望

とにかく
感謝
高橋長秀

つないだ手の和を
みんなの手で
大輪に
佐藤靖典

自助と共助と
感謝です。
阿部忠彦

声かけあって
笑い合おう!
これからも。
佐藤伸治

忘れないで
いてくれればいい
後藤伸太郎

記録と記憶
一生をかけて!
佐藤信一

福興に
向かい続けて
恩返し!
及川善祐

一日を大切に!
そして未来へ!
感謝!
三浦洋昭

感謝を忘れず
1歩づつ前へ!!
阿部雄一

上を向いて
前を向いて
強く楽しく生きる
遠藤健治

初心忘るべからず
西城良子

震災前
自己実現 → 世己実現
↳オクトパス君の夢を含めて
世のため、他人のため、
そして、自分のために、
生きていきます。
阿部忠義です

継続は力なり
友にがんばろう
（英）
阿部誠輝

「手をつなごう・心をつなごう・力をつなごう」
笠原政美

私達の進むべき道を
私達の足でしっかりと歩み
この町の未来に繋げたい
宮川舞

大好きなのは
皆の笑顔があるから。
笑顔で前へ！
佐々木奏太

〝感謝〟
佐藤仁

編者紹介（順不同）

志津川小学校避難所自治会
記録保存プロジェクト実行委員会

髙橋長泰
阿部忠彦
後藤伸太郎
及川善祐
阿部雄一
佐藤信一
佐藤伸治
佐藤靖典
阿部誠輝
阿部希望
西城良子
阿部忠義
佐々木奏太

谷口善裕
渡邊　任

志水宏吉　大阪大学人間科学研究科教授
榎井　縁　大阪大学未来戦略機構第五部門特任准教授
鈴木　勇　大阪成蹊大学教育学部准教授
山本晃輔　大阪大学未来戦略機構第五部門特任助教

南三陸発！志津川小学校避難所
——59日間の物語　～未来へのメッセージ～

2017年3月11日　初版第1刷発行
2021年3月11日　初版第3刷発行

編　者　志津川小学校避難所自治会記録保存
プロジェクト実行委員会
志水宏吉・大阪大学未来共生プログラム
発行者　大　江　道　雅
発行所　株式会社明石書店
〒101-0021 東京都千代田区外神田6-9-5
電　話　03（5818）1171
ＦＡＸ　03（5818）1174
振　替　00100-7-24505
http://www.akashi.co.jp
装丁　NPO法人Co.to.hana　西川 亮、芝田 陽介
印刷／製本　モリモト印刷株式会社

ISBN978-4-7503-4489-8
Printed in Japan　（定価はカバーに表示してあります）

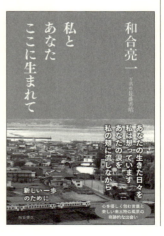

木にたずねよ
和合亮一 著　◎1600円

被災地のジャーナリズム
東日本大震災10年「寄り添う」の意味を求めて
寺島英弥 著　◎2500円

福島第1原発事故7年 避難指示解除後を生きる
古里なお遠く、心いまだ癒えず
寺島英弥 著　◎2000円

東日本大震災 何も終わらない福島の5年 飯舘・南相馬から
寺島英弥 著　◎2200円

東日本大震災4年目の記録 風評の厚き壁を前に
降り積もる難題と被災地の知られざる苦闘
寺島英弥 著　◎1800円

海よ里よ、いつの日に還る 東日本大震災3年目の記録
寺島英弥 著　◎1800円

東日本大震災 希望の種をまく人びと
寺島英弥 著　◎1800円

東日本大震災 教職員が語る子ども・いのち・未来
あの日、学校はどう判断し、行動したか
宮城県教職員組合 編　◎2200円

理念なき復興 岩手県大槌町の現場から見た日本
東野真和 著　◎2200円

希望の大槌 逆境から発想する町
碇川豊 著　◎1600円

大槌町 保健師による全戸家庭訪問と被災地復興
東日本大震災後の健康調査から見えてきたこと
村嶋幸代、鈴木るり子、岡本玲子 編著　◎2600円

教育を紡ぐ 大槌町 震災から新たな学校創造への歩み
山下英三郎、大槌町教育委員会 編著　◎2200円

復興は教育からはじまる 子どもたちの心のケアと共生社会に向けた取り組み
細田満和子、上昌広 編著　◎2200円

大津波を生き抜く スマトラ地震津波の体験に学ぶ
田中重好、高橋誠、イルファン・ジックリ 著　◎2800円

防災教育 学校・家庭・地域をつなぐ世界の事例
ショウラジブ、塩飽孝一、竹内裕希子 編著
澤田晶子、ベンジャミン由里絵 訳　◎3300円

東日本大震災を分析する1・2
平川新、今村文彦、東北大学災害科学国際研究所 編著　◎各3800円

〈価格は本体価格です〉